I

JOSNEY RODRÍGUEZ

LÍDERES
FRUSTRADOS

¡NO MÁS!

IGLESIAS
MUERTAS

Secretos para experimentar el reino de Dios en tu liderazgo.

Título: No más líderes frustrados e iglesias muertas

Subtítulo: Secretos para experimentar el reino de Dios en el liderazgo

Serie: Empoderados

Edición del texto

Jorge Torreblanca

ISBN: 979-8-32903-336-6

1a edición: junio 2024

Impreso de forma independiente con fines académicos.

Dedicatoria

A Dios, quien hace posible todas las cosas.

CONTENIDO

No más líderes frustrados e iglesias muertas

INTRODUCCIÓN

La frustración en el liderazgo no es una emoción extraña o infrecuente.[1] Por el contrario, es como los días oscuros, llenos de nubes y tormentas: son parte del cuadro climático de nuestra vida sobre la tierra. Suele pasar. Sin embargo, los verdaderos líderes luchan porque los días soleados de victorias alcanzadas, aparezcan con frecuencia en el cuadro atmosférico mientras llevan adelante su labor.

En cierto sentido, el desengaño es parte del camino directivo. Quienes sinceramente asumen la responsabilidad de hacer lo mejor, alcanzar lo máximo y lograr transformaciones, inevitablemente se van a encontrar con una serie de obstáculos: la incertidumbre, la resistencia al cambio y la falta de compromiso. Estos son algunos de los escenarios en los que se manifiesta la frustración.[2]

Ahora, si bien es comprensible y hasta tolerable que al principio puedan faltar las capacidades necesarias para llevar a cabo la hazaña de un cambio

---

[1] Uno de los ejemplos más claros de liderazgo que lucha contra la resistencia al cambio por parte de sus colaboradores es Jesús (Mateo 17:17; Marcos 9:19, 24; Lucas 9:41).

[2] Jane Hunt, *100 claves bíblicas para Consejería* (Dallas, TX: Esperanza para el corazón, 1990–2011), 15, comenta una experiencia de liderazgo relacionada con la frustración en la vida de Moisés (Números 20:1-12): "Moisés se encontraba tan frustrado que su enojo llegó al grado máximo. En vez de hablar a la roca, la golpeó… dos veces. Dios quería una explosión de agua, no una explosión de ira. El resultado fue que el Señor tuvo que disciplinar a su líder escogido y no le permitió introducir a su pueblo a la Tierra Prometida".

significativo, lo que resulta inaceptable e inadmisible es no asumir la plena responsabilidad de los resultados. ¿Por qué?

La respuesta es sencilla: el verdadero líder debe asumir un compromiso *teleológico*[3] con su función. En otras palabras, existe un fin o un objetivo que debe cumplirse como resultado de tu labor. El líder ha de comprender que su liderazgo encuentra su sentido y valor al alcanzar y cristalizar las metas u objetivos propuestos.

En la respuesta de Cristo a Pilato está muy claramente expresada la visión teleológica de su liderazgo: "Tú dices que soy rey. *Para* esto yo he nacido y *para* esto he venido al mundo, *para dar testimonio de la verdad.* Todo el que es de la verdad escucha mi voz" (Juan 18:37).[4]

Por otro lado, la comprensión *ontológica*[5] del liderazgo nos permite saber que el liderazgo es un agente de movilización e inspiración de individuos. En este sentido, el liderazgo no solo implica cumplir tareas sino influir en personas. El líder acciona por medio de otras personas. Considerando lo anterior, es justo suponer que como líder necesitas tener la capacidad de inspirar a otros en alcanzar estos objetivos o fines. Este otro desafío, influir en otros, implica frustración si no se consigue motivar a otros comprometerlos en la tarea.

---

[3] La palabra teleológico contiene una expresión que proviene del griego clásico *télos,* que significa fin o propósito. Cuando se habla del concepto teleológico del liderazgo, se está haciendo referencia a definir al liderazgo desde su propósito o fin.

[4] Juan el Bautista, Pablo y cada uno de los discípulos conocían perfectamente el propósito de su liderazgo (Juan 1:32; Gálatas 2:7; Mateo 28:18-20). Un entendimiento más profundo de lo que significa el liderazgo bíblico y sus desafíos, lo puede encontrar en mi libro *Un liderazgo que transforme: Secretos del discipulado cristiano* (Doral, FL: IADPA, 2023), en el capítulo 1: ¿Qué esperas de tu liderazgo?

[5] Una mirada "ontológica" significa considerar la naturaleza o esencia. En el caso del liderazgo hace referencia a la naturaleza o esencia del liderazgo.

De modo que para completar la compresión de la difícil tarea del liderazgo desde distintas perspectivas y evaluar la razón de sus grandes desafíos –y en correspondencia las frustraciones–, tenemos que hablar de liderazgo desde su visión **teológica.**[6]

El andar en el camino de la teología nos permite ver más allá de las ideas humanistas que han permeado incluso las concepciones del liderazgo bíblico en el mundo contemporáneo. Muy pocos lo han visto; ni siquiera notado. Pero la cosmovisión humanista alimentada de ideas filosóficas racionalistas ha nutrido las ideas del liderazgo espiritual de nuestro tiempo, despojándolo de su poder y de su razón de existencia.

Aún más, un liderazgo que solamente se centra en lo que el hombre puede hacer por sus fuerzas y capacidades, y que desconoce y hasta obnubila u oscurece la realidad de la presencia de Dios para cumplir sus propósitos por medio del liderazgo, destruye la fe y por ende el papel de las iglesias y sus líderes.

Desde la cosmovisión bíblica, el liderazgo desempeña un papel divino cuyo propósito eterno está íntimamente relacionado a cumplir la voluntad de Dios, sin importar los obstáculos o el tamaño de los desafíos. En este contexto, si la frustración viene de la incapacidad, ¿acaso existe algo imposible para Dios? (Génesis 18:14-16, Jeremías 32:27, Lucas 1:37).

Así que, aunque enfrentemos dificultades o nos sintamos incapaces, podemos confiar en que Dios tiene el poder de superar cualquier obstáculo obrando más allá de nuestra comprensión y habilidades, cumpliendo sus propósitos a través de nosotros, incluso en el liderazgo.

La monopolización del humanismo, que permea los constructos sociológicos, necesita ser no simplemente comparados sino confrontados con

---

[6] La palabra teología tiene que ver con el estudio de Dios. Para considerar la cosmovisión bíblica del liderazgo, es importante entender el propósito del liderazgo y su naturaleza desde la perspectiva de Dios y su voluntad.

la forma como la Palabra de Dios presenta el ejercicio del liderazgo para cumplir su propósito y alcanzar el éxito. Por ello, el material que tiene entre sus manos está preparado principalmente bajo esta cosmovisión. La visión de Dios y su relación con el liderazgo es el aspecto fundamental para el éxito del liderazgo espiritual.

Ahora bien, la realidad evidencia que son muchos los líderes que, aun en el ámbito espiritual, no han experimentado las promesas de Dios en su vida. En consecuencia, es necesario e imperativo la preparación de un manual para estos líderes. Tú y yo, y cada uno de los que ha recibido el llamado de Dios a cumplir una tarea e influir en otros, necesitamos tener la oportunidad de conocer los cuatro principios más importantes para el éxito en el ejercicio de liderazgo. Se necesita una brújula y un mapa del territorio. Y por qué no, un itinerario de viaje.

En la introducción de su libro *21 lecciones para el siglo 21*,[7] el autor israelí Yuval Noah Harari afirma: "En un mundo inundado de información irrelevante, la claridad es poder". Es mi deseo que el conocimiento divino en relación con el liderazgo y la formación personal produzca un impacto en los muchos que buscan una respuesta a sus luchas y frustraciones en el liderazgo eclesiástico. Ha llegado el momento de aplicar los principios que Dios ha señalado para el éxito de su reino en esta tierra.

---

[7] Yuval Noah Harari, *21 lecciones para el siglo 21* (Barcelona, España: Penguin Random House Grupo Editorial, 2018).

1

El desafío del líder: ALCANZAR EL LOGRO

Desde mi infancia, viví cerca del mar. Cuando me colocaba frente a esa vasta e interminable extensión de agua que se extendía ante mis ojos, podía sentir su poder indomable, su sabiduría inescrutable y sus fronteras inalcanzables. ¿Es acaso el mar algo que puedo controlar o predecir?

Cuando imagino el desafío de ser líder, encuentro en esta analogía con el mar una fuente de inspiración. Si subestimamos el mar, podríamos terminar atrapados en sus profundidades, sin oxígeno y luchando por sobrevivir. De manera similar, el ejercicio del liderazgo nos sumerge en un abismo de responsabilidades y desafíos. No basta con flotar; debemos nadar con fuerza y determinación hasta alcanzar nuestro destino.

Creo que el mayor inconveniente de las iglesias y las organizaciones radica en dos aspectos: uno, *se subestima lo que es liderazgo*. Y dos, todavía peor, *no se tiene muy claro lo que significa el liderazgo*. Tomemos tiempo para tratar estos dos aspectos transcendentales a fin de tomar el rumbo correcto hacia la meta de un liderazgo efectivo.

Pienso que es el deseo omnipresente en el corazón de los que leen este libro y creen sinceramente en que es posible su crecimiento y llegar a lograr el éxito en el ejercicio del liderazgo.

El problema de subestimar el liderazgo

Plantear que uno de los problemas del liderazgo puede ser su subestimación, podría resultar sorprendente para algunos. ¿Cómo es posible que estemos subestimando al liderazgo? Subestimar algo, significa no darle importancia. En otras palabras, se le otorga un lugar secundario o incluso ninguno en el escenario desafiante de la organización.

Reconocer la importancia de este aspecto iluminará el camino hacia el éxito y facilitará la transformación de las congregaciones. Por el contrario, quienes subestiman el liderazgo no pueden avanzar... ni sobrevivir.

Permítanme presentar tres síntomas que evidencian que se está subestimando el liderazgo.

Líderes que no son conscientes de sus debilidades. A menudo, al evaluar las organizaciones, se centran en aspectos externos, pero pasan por alto o subestiman una de las claves más importantes para el crecimiento de una congregación: el liderazgo. Es fundamental recordar que el crecimiento de una iglesia está directamente relacionado con el crecimiento en la capacidad de liderazgo de sus dirigentes. Cuando no se reconocen las deficiencias que afectan o limitan la influencia del líder, se coloca un techo invisible sobre la iglesia que se busca transformar.

Líderes que no crecen ni hacen crecer a otros en habilidades de liderazgo. Una de las debilidades más notables es la falta de crecimiento personal y la incapacidad para fomentar el crecimiento en habilidades de liderazgo en otros. Por otro lado, la ausencia de un plan intencional de desarrollo también es preocupante. Cuando no se implementa un programa de formación en liderazgo, se envía un mensaje claro de que el ejercicio del liderazgo está siendo subestimado en la congregación. Sin embargo, prestar atención a esta área puede generar un crecimiento significativo en la iglesia.

Líderes ineficientes llevan a la destrucción de las organizaciones. Una de las consecuencias más graves de subestimar el liderazgo es la destrucción de las organizaciones. Imagina a un enfermo que no mejora; en ese caso, es evidente que el tratamiento médico no está surtiendo efecto. De manera similar, cuando los problemas en las congregaciones no se solucionan, es probable que las estrategias de liderazgo no sean las apropiadas. Observar una organización que está "haciendo agua" es una señal clara de que es necesario priorizar el ejercicio del liderazgo.

Si evaluamos estas áreas, podremos comprender cómo la iglesia y sus líderes ofrecen una perspectiva sobre el valor que tiene la congregación en relación con el liderazgo. Estos tres síntomas pueden resumirse en tres preguntas fundamentales: ¿Quiénes somos? ¿Qué estamos haciendo? ¿Cuáles son los resultados de crecimiento de la organización?

Una ilustración de esta verdad

La historia de Saúl puede considerarse un ejemplo relevante en el análisis del liderazgo. ¿Quién fue Saúl? ¿Cuál era su debilidad más significativa que afectaba su liderazgo? La Escritura nos revela que Saúl prefería agradar a sí mismo y a su pueblo, en lugar de a Dios. Su autosuficiencia e independencia de Dios se convirtieron en su debilidad. ¿Qué hacía? Sus acciones apuntaban a la búsqueda de su propia exaltación. Se sentía amenazado por el éxito y el crecimiento de otros líderes. Su orgullo se hería cuando otros recibían más reconocimiento. Y lo peor de todo, no estaba dispuesto a cambiar o crecer.

¿Cuáles fueron los resultados? La derrota de su amado pueblo. Los filisteos ganaron una batalla crucial y le quitaron la vida al rey y a sus hijos. ¿Existe una derrota más catastrófica que esta? Difícilmente. La razón fundamental detrás de este desenlace fue la manera como el rey subestimó la importancia de un líder que reconoce sus debilidades, trata de cambiar, busca crecer y ayuda a otros a hacerlo. Además, un líder exitoso tiene logros como resultado de su trabajo.

En contraste, observemos el liderazgo de David. Aunque lejos de ser perfecto, pues cometió faltas tan graves como las de Saúl o más, David reconocía sinceramente sus errores y su necesidad de crecimiento. La clave está en que, sin importar nuestras fallas, nuestro liderazgo se fortalece cuando aceptamos la necesidad de cambio y estamos dispuestos a transformarnos. No olvidemos que hay un poder increíble que Dios derrama cuando el líder se convierte en un ejemplo vivo de transformación.

Reconocemos que David es un ejemplo inspirador de liderazgo. A diferencia de Saúl, estuvo dispuesto a cambiar. Uno de los momentos más claros fue cuando aceptó el consejo de Abigail, la esposa de Nabal. Sus salmos son una demostración adicional del deseo de cambio y crecimiento en su vida y liderazgo. Él siempre estuvo dispuesto avanzar conforme al plan de Dios para sí. Y esto no es poco decir. Cuando Dios le dijo que no iba a construir el templo, también lo aceptó. *Cambiar, mejorar y crecer* llegó a ser una evidencia actitudinal del liderazgo de David.

Los resultados fueron extraordinarios. Comenzaron a vivir el glorioso tiempo de la historia bajo el reinado de David. En contraste con la derrota del pueblo de Dios a manos de los filisteos y otros pueblos, su victoria sobre los filisteos y otros pueblos fue constante y notable.

La subestimación del liderazgo es un error común en muchas congregaciones que produce mucho dolor y frustración en las iglesias. Sin embargo, invertir en el desarrollo de líderes es crucial. Al hacerlo, se obtiene un rendimiento desproporcionado: Si invertimos el 20% del tiempo en liderazgo, generará un 80% de los resultados. Sin líderes preparados, la transformación es imposible.

¿Te gustaría probar este enfoque? Cuando comprendí este principio, dejé de subestimar el liderazgo tanto en mi vida y como en el escenario de las congregaciones. Abandoné el justificar los escasos resultados con la ausencia de personas que estén preparadas para trabajar o para dirigir. Los años habían pasado y también los mismos dirigentes locales. En consecuencia, los resultados continuaban escasos. ¿Por qué serían diferentes los resultados?

El cambio comienza indefectiblemente con líderes dispuestos a crecer y a capacitar a otros. Si esperamos que el cuerpo asuma el cambio, el líder lo ha de encabezar. En los capítulos que siguen, exploraremos más a fondo este principio clave para el éxito de cualquier comunidad.

¿Alguna vez te has sentido agotado por ser la única persona con la que cuentas? Esto *debe* cambiar. En los próximos capítulos de este libro, profundizaremos en lo que significa este cambio, especialmente en el capítulo 5, donde se expresará cómo este principio se cumple.[8]

Me alegra ver que, en algunos lugares, los líderes de la iglesia han comprendido esta importante verdad y están dedicando más tiempo a la formación de líderes. Incluso en algunas universidades, se ofrecen estudios de posgrado y doctorados en liderazgo. Esto es una evidencia clara de la importancia del liderazgo en nuestro tiempo, especialmente para guiar a una organización hacia un nivel superior.

El problema de no entender qué significa liderazgo

El subestimar el liderazgo conlleva una comprensión poco clara de lo que realmente significa ser líder. Es como buscar definiciones en un diccionario que carece de los significados correctos. Lamentablemente, la falta de formación en liderazgo ha conducido a muchos pastores y líderes de congregaciones a ejercer su liderazgo persiguiendo conceptos abstractos, espejismos y falsas expectativas.

Recuerdo el tiempo cuando esta era mi experiencia. Me habían enseñado a estudiar la Biblia, preparar sermones, predicar y organizar programas. Pero no tenía una comprensión clara de lo que implicaba ser un líder. Estaba nervioso. No sabía cómo involucrar y motivar a las personas. Pensaba que tal vez no conocía el plan correcto. Trabajé arduamente para tratar de encontrar ese "tesoro" que cambiaría mi ministerio. Acumulaba libros en mi biblioteca, pero la respuesta seguía sin llegar.

Cierto día, mientras exploraba los pasillos de una librería, me topé con un libro de liderazgo escrito por John Maxwell. Al leerlo, algo cambió en mí. Se me iluminó el pensamiento y me dije:

---

[8] Recomendaría también usar mis otros libros: *Soñemos en grande: Un liderazgo que impacte* (Doral, FL: IADPA, 2019) y *Un liderazgo que transforme: Secretos del discipulado cristiano* (Doral, FL: IADPA, 2023).

El problema no son los programas o eventos que realizo,

sino que *no sé qué es ser un dirigente o líder.*

Este pensamiento se convirtió en una semilla que echó raíces en mi mente. Así comenzó mi largo peregrinaje en busca del significado profundo del liderazgo. El dolor que experimentaba como líder comenzó a disiparse. ¡Mi ministerio se transformó! Las iglesias que dirigí tomaron un camino hacia un crecimiento sin límites.[9]

Hoy, mi querido lector, al sostener este libro entre tus manos y leer con avidez su contenido, sé que compartes ese deseo ardiente de abandonar la senda de la falta de crecimiento y motivación en los miembros. Mi oración es que este material te acompañe en tu propio peregrinaje de formación como líder.

Para ayudarnos a entender el liderazgo es importante que podamos entender lo que NO es liderazgo. Será como mirar el negativo de una fotografía. De esta forma, señalando lo que NO es, nos permitirá resaltar las siluetas de lo que SÍ es el liderazgo en el ámbito eclesiástico.

1. Liderazgo *no es* saber predicar.

Ciertamente coincidimos en la convicción sobre la importancia de la predicación en el trabajo pastoral. La exposición de la Palabra tiene un profundo impacto en los corazones y prepara el espíritu humano para seguir a Dios. Sin embargo, ser un buen predicador no garantiza automáticamente ser un buen líder.

Al inicio de mi ministerio, también me preocupaba mejorar lo que fuera posible en la predicación. Compré libros, estudié y me esforcé, puesto que

---

[9] Los principios que se mostrarán en los siguientes capítulos son herramientas divinas para que las congregaciones recorran el camino de la iglesia apostólica, en cuya descripción Lucas habla de añadir personas cada día, multiplicarse y crecer en la Palabra de Dios.

suponía que era lo más importante para el éxito de mi liderazgo. Los resultados en la predicación comenzaron a cambiar, pero pronto me di cuenta de que eso no era suficiente. No sabía cómo dirigir, cómo motivar a las personas y cómo implementar cambios significativos en la congregación.

En tres distritos consecutivos, enfrenté dolorosas experiencias que cuestionaban mi eficacia como pastor. Los líderes principales de las congregaciones se resistían a hacer cambios o participar en eventos de la iglesia mundial. A veces, rechazaban las ideas que yo presentaba e incluso tampoco participaban en la realización del programa de eventos que ellos mismos habían aprobado.

Sus comentarios eran desalentadores: "Gracias por su sermón" y luego en otra reunión: "No podemos implementar ese programa porque a los hermanos no les gusta y no participan". Otro agregaba: "Lo hemos intentado en otras oportunidades, pero no ha tenido éxito". O bien: "Yo he estado aquí en esta iglesia desde sus inicios, y por mi experiencia eso no funciona aquí".

Seguí predicando con fervor, pensando en que (de alguna manera que no sabía), las cosas cambiarían. Pero, aunque ellos se mostraban felices de escucharme predicar, todo seguía igual. Si quería que ciertas cosas salieran adelante, tenía que asumir la responsabilidad de hacerlas, TODAS, yo mismo.

Recuerdo una actividad en la que todo salió mal, y me sentí avergonzado y decepcionado por el desastre. Fue entonces cuando me di cuenta de que mis sermones no eran suficientes para liderar efectivamente.

El liderazgo va más allá del púlpito. Requiere habilidades diferentes: comprender a las personas, motivarlas, implementar cambios, tomar decisiones difíciles y trabajar en equipo. Afortunadamente, pude aprender que ser un buen líder es un proceso continuo de crecimiento y formación. Siempre hay más por aprender y mejorar.

2. *Liderazgo* **no es** *tener una posición.*

En ocasiones, se considera el nombramiento en un cargo es sinónimo de liderazgo. Quienes sostienen esta visión afirman: "Aquí se hace lo que yo digo porque soy el jefe". Sin embargo, estas personas no han entendido que el liderazgo va mucho más allá de una investidura, un puesto o un título.

Tener una posición no garantiza que las personas te obedecerán. No es un proceso automático. Esto es especialmente cierto en la actualidad, cuando el posmodernismo ha desafiado los conceptos tradicionales de jerarquía y autoridad única. En tiempos pasados, la iglesia o el gobierno tenían la última palabra, pero los miembros de la iglesia en nuestros días son diferentes.

¿Lo ves? En consecuencia, los pastores de hoy no pueden asumir que, por tener la posición de dirigente principal de la congregación, los feligreses seguirán sus indicaciones sin cuestionar.

Recuerdo una reunión de junta de iglesia, un sábado de tarde. Había llegado como nuevo pastor la semana anterior. En la reunión se trataba la organización de una campaña de evangelización programada anteriormente y que se realizaría cuatro semanas después. Yo había presentado un plan agresivo para la congregación. Uno de los ancianos, un médico influyente en la iglesia me respondió con voz sonora y profunda: "Primero trabaje, pastor, y nosotros lo seguiremos".

Además de que no se me olvidarán jamás, sus palabras me hicieron reflexionar. A él no le importaba en lo más mínimo que yo hubiera sido designado como pastor de la iglesia. Comprendí que mi liderazgo no dependía de mi cargo, sino de mis acciones. Eso, mi ejemplo, tenía más importancia que el cargo que ostentaba.

Apreciado lector, no seguimos a quienes no conocemos. Acompañamos a quienes nos dan ejemplo. Seguimos a quienes nos han mostrado su capacidad de dirigir y hacer. En su famoso libro *Los Siete Hábitos de la Gente Altamente*

Efectiva,[10] Covey señaló que el carácter es un aspecto clave en el liderazgo exitoso. Lo que somos, evidenciado en lo que hacemos, tiene más peso que la posición que tenemos.

3. Liderazgo **no es** *poseer estudios académicos.*

Colgué el teléfono. Era un aparato gris y antiguo, finalmente en mis manos para comunicarme. Me toqué las manos y permanecí sentado unos minutos, absorto en mis pensamientos. No estaba realmente allí; solo físicamente. Luego me levanté y fui hablar con mi esposa.

"El presidente me llamó otra vez", le dije con lentitud. Ella entendía lo que quería decir. El énfasis estaba en la expresión "*otra vez*". Durante los últimos cuatro meses, el presidente me había llamado para indagar por qué las congregaciones bajo mi responsabilidad no estaban creciendo.

Había estudiado teología junto a mi esposa, pero eso no bastaba. Me sentía frustrado. Los cuatro años de estudio y los honores en la graduación no me habían *transformado* en un líder.

Comprendí que tener conocimiento en varias áreas y ser profesional no garantizaba saber dirigir; especialista no equivale a ser líder. El liderazgo es una especialización en sí misma. Requiere adquirir conocimientos, acumular experiencias y desarrollar habilidades. Y como cualquier otra competencia, lleva tiempo.

4. Liderazgo **no es** *estar bajo el liderazgo de un gran líder.*

Es cierto que podemos estar bajo el liderazgo de una persona destacada y, al mismo tiempo, terminar frustrados por los resultados. La sombra o influencia

---

[10] Stephen R. Covey, *Los Siete Hábitos de la Gente Altamente Efectiva* (Buenos Aires, Argentina: Paidós, 2003).

de los grandes líderes puede ser beneficiosa, pero no garantiza automáticamente grandes resultados, si eso es lo que estamos buscando. A veces, los botes pequeños esperan ser impulsados por la estela de los barcos grandes, y aunque eso puede suceder, no es suficiente para llegar al destino deseado.

Es importante representar a otros y hablar en su nombre, pero también debemos reconocer que nuestra propia influencia es importante. Si solo decimos: "Hagan esto porque lo dijo mi jefe", estamos mostrando una falta de liderazgo propio. En ese momento, será bueno recordar que la evaluación de los resultados no recae exclusivamente en nuestro jefe; como líderes somos responsables de los logros y fracasos.

Si tú eres el líder, los resultados que obtengas reflejarán tu capacidad para dirigir, inspirar y tomar decisiones. No importa cuán grande sea la sombra de los líderes anteriores; lo que realmente importa es cómo ejerzas tu liderazgo y cómo impactes a quienes te siguen.

5. *Liderazgo **no es** poseer muchos años de servicio.*

Algunas veces se evidencia la creencia colectiva, ya sea en el consciente o subconsciente social que, si una persona tiene muchos años de servicio en el ministerio, significa que es un líder. Quienes piensan así están equiparando el tiempo de servicio con la capacidad de liderazgo. No obstante, es importante aclarar algunos puntos con relación a esto.

En primer lugar, tener años de servicio no es lo mismo que tener experiencia en el sentido amplio de la palabra. La experiencia tiene que ver con enfrentar diferentes situaciones y poner en práctica habilidades adquiridas. Aunque podría parecer automático que una práctica prolongada en una actividad resulte en mayor conocimiento y habilidades, la realidad no siempre cumple con esta perspectiva.

La experiencia no se da por sentado. No podemos asumir que, solo por tener muchos años de servicio, nos asegure la posesión de habilidades de liderazgo necesarias para impulsar un cambio y crecimiento en las congregaciones. Mire a su alrededor y reflexione sobre ello. El liderazgo no puede ser una etiqueta automática basada únicamente en los años de experiencia.

En mi opinión, esta situación se debe a dos causas. La primera fuente de este desfase se debe a que, en muchos casos, los años simplemente discurren sin la creación y desarrollo de nuevas experiencias de aprendizaje. La segunda causa es precisamente la ausencia de aprendizaje activo. Han sido años de trabajo, haciendo las mismas tareas, sin buscar oportunidades para crecer y aprender. El verdadero liderazgo tiene como resultado el crecimiento constante del líder y la capacidad de influir positivamente en otros.

Frente al hospital

Estaba sentado en la acera, justo en el camino de los peatones. Escuché el ulular de la ambulancia acercándose a la puerta de emergencia del hospital. Las personas corrían, algunos preocupados y otros con lágrimas en los ojos. No recuerdo por qué estaba allí. Tal vez esperaba a alguien con quien había quedado para acompañarme a buscar un lugar para vivir. Después de varias semanas en ese lugar, aún no tenía una casa. Pero lo que sí recuerdo claramente es lo que estaba pensando.

"¿Por qué estoy aquí?" En muy poco tiempo, ya había pasado por dos distritos. Y ahora, este era el tercero. Sí, escuchaste bien. Este lugar había sido un proyecto de distrito durante muchos años. Los líderes no estimaban al pastor y los miembros estaban divididos. Apenas unas tres docenas de personas conformaban la congregación. Durante meses, separado de mi esposa embarazada, había intentado encontrar un lugar para vivir sin éxito. En esta situación me preguntaba: "¿Qué es lo que Dios espera de mí?"

Ignoro tu experiencia personal, pero en mi caso, cuando no comprendo el propósito de Dios para mi vida, me sumerjo en una conversación con Él. Esa tarde rojiza, cuando los últimos rayos de sol desaparecían detrás del hospital, sin casa, sin mi esposa a mi lado, sin apoyo de los líderes y sin dinero, me encontraba en medio del mar embravecido del liderazgo. Empujado por el viento y azotado por la tormenta, me hallaba en la oscuridad de lo impredecible.

Esta experiencia de mi vida, junto con otras que estás conociendo, me condujo a pensar:

¿Estoy realmente preparado para ser un pastor y líder de una congregación?

Si los miembros no aceptan mi liderazgo ni desean cambiar, ¿qué puedo hacer para que ocurra lo contrario?

¿Qué puede hacer Dios por mí y conmigo en estas circunstancias?

¿Cuál es el secreto de un pastor que ve transformada a su iglesia?

La providencia divina comenzó a obrar, y cada día y año a lo largo de más de 33 años, al mismo tiempo que he visto la mano de Dios he buscado incansablemente conocer más y más de cómo ser más efectivo y eficiente en el liderazgo pastoral. He enfrentado desafíos y ataques de Satanás. Muchas veces me he sentido solo, frente al hospital de mi existencia, sin comprender cómo cambiar las cosas. Nunca imaginé que años después, Dios me daría la oportunidad de escribir este libro para otros ministros que están comenzando su liderazgo que enfrentan desafíos similares.[11]

¿Saben por qué?

Primero, porque los aprecio a cada uno de ustedes, mis queridos amigos o amigas, pastores o ancianos de iglesia. Segundo, porque he estado allí y sé lo difícil que puede ser. Mi sincera misión de vida es ayudar a tantos ministros como sea posible, para que puedan comprender, aprender y superar el arduo sendero del liderazgo pastoral con éxito rotundo.

---

[11] La decisión de prepararme en el liderazgo pastoral y aprender todo lo que significaba el mejoramiento de este campo, me condujo a escribir los primeros dos artículos en la década de los años 90, titulados: "El aspirante al ministerio" y "El pastor frente al éxito o el fracaso". Hoy estoy feliz de compartir esta experiencia.

Algo tiene que pasar

Tomar la decisión de crecer en tu liderazgo es la más importante que puedes tomar. Esta decisión dará más valor a cada una de las otras cualidades y dones que Dios te ha dado para tu misión de vida.

Si avanzas con resolución y fe, estoy seguro de que un nuevo y apasionado ministerio se abrirá ante tus ojos al conocer los cuatro principios fundamentales para enfrentar el mar de lo incierto y complejo, que escapa a tu control. Además, descubrirás cómo desarrollar estrategias efectivas para implementar en tu liderazgo y lograr el cambio en tu congregación. Y, lo más importante, experimentarás resultados que nunca has experimentados hasta ahora. Nada podrá brindarte tanta satisfacción y sentido de existencia.

La oferta. Puedes que me conozcas o no, pero deseo reiterarte mi compromiso para apoyarte en la aplicación de los principios que vas a conocer. Mi sueño no ha sido simplemente el compartir de mi experiencia y conocimiento a través de este libro, sino verte experimentar los increíbles resultados que vienen como consecuencia de su implementación.

Con el propósito de hacer realidad este beneficio para tu ministerio, podrás registrarte en línea y recibir más materiales e información sobre las reuniones de formación que tendremos cada mes para un grupo de personas en la ejecución.

Además, podremos estar en contacto para cualquier reunión presencial con el fin de formar líderes en tu territorio. El crecimiento de tu liderazgo y de quienes te rodean será el primer paso.

En este tiempo, las iglesias necesitan líderes que comprendan lo que implica alcanzar el logro. Es fundamental no subestimar el liderazgo ni interpretarlo o definirlo de manera equivocada. Por el contrario, es necesario y esencial avanzar en el compromiso diario para el crecimiento de nuestro liderazgo y el de otros.

No más líderes frustrados e iglesias muertas

2

El espíritu del líder: EL SECRETO DEL CAMBIO

Miré mi reloj. Eran las 4:00 a. m. El sonido de los ronquidos llenaba la habitación. ¿Debía levantarme? Sí, me respondí a mí mismo. El día anterior había visitado a varios hermanos y me había acostado tarde en aquella colchoneta delgada en el segundo piso de la sala pastoral (lo llamábamos "aposento alto"). Por supuesto, no había dormido bien. Aún estaba agotado y deseaba seguir durmiendo. Pero no podía. La noche anterior había tomado una decisión que marcaría mi ministerio.

En la primera junta de la iglesia principal, no me habían permitido dirigirla. Y en cada paso y conversación, solo había escuchado críticas contra los pastores anteriores y los dirigentes superiores. "Este es muy liberal", decían. "Aquel tomó una mala decisión". "La iglesia no lo quería como pastor". "Ellos no entienden cómo es nuestra iglesia". "Tuvimos solamente un buen pastor" (¡esta observación sí fue una excepción!). "Usted es muy joven y no tiene mucha experiencia".

Recientemente, un pastor me preguntó: "¿Cómo puedo cumplir mejor mi ministerio?" En cada encuentro al que soy invitado, busco responder esta pregunta basándome en la Escritura y el espíritu de profecía. Como vieron en el capítulo anterior, soy un ferviente creyente de que la clave para que suceda algo en la consagración descansa en la *calidad* del liderazgo.[12] Salomón escribió en el libro de Proverbios: "Donde no hay un buen gobernante, el pueblo no sabe qué hacer" (Proverbios 29:18, TLA, Traducción en lenguaje actual).

Por eso, la pregunta cómo ser un mejor líder es permanente en mi mente y corazón. Las personas que han asumida algunas responsabilidades, desde el padre o madre de una familia, los líderes de congregaciones o representantes de cualquier tipo de estructura necesitan hacerse la misma pregunta. La razón es que tener *el compromiso de dirigir personas y realizar cambios requiere algo más que buenas intenciones*. ¿Estamos de acuerdo?

Por eso, la pregunta de cómo ser un mejor líder es constante en mi mente y corazón. Las personas que asumen responsabilidades, ya sea como padre y madre de una familia, líderes de congregaciones o representantes de cualquier organización, necesitan hacerse la misma pregunta. Y esto porque el compromiso de dirigir personas y promover cambios requiere algo más que buenas intenciones. ¿Estamos de acuerdo?

Pablo lo afirmaba así: "Así que no depende del que quiere, ni del que corre" (Romanos 9:16). Muchos pueden querer, pero el deseo no es suficiente como en muchas áreas de la vida.

Recientemente escuché a un especialista afirmar que muchas personas se aventuran en el liderazgo de empresas u organizaciones, pero solo el cinco por ciento logra triunfar. ¡Sí, solo el cinco por ciento!

Contrario a lo que muchos pudieron haber pensado al comenzar su viaje en el ejercicio del liderazgo, en no pocos casos, el resultado de su trabajo se convirtió en una experiencia de vida o, en el mejor de los casos, en una oportunidad de aprendizaje. Alguien sugirió que el camino hacia el fracaso está pavimentado con buenas intenciones. Sin embargo, entre desear nuestros sueños y hacerlos realidad, existe un camino incierto y desafiante.

Hoy tienes este libro en tus manos porque sabes en tu interior que las buenas intenciones no son suficientes para alcanzar el éxito. Sientes una emoción por la expectación de grandes cosas que pueden suceder en tu vida. Aunque el camino puede ser difícil, estás dispuesto a dar un paso adelante. ¡Celebro esa determinación! Y espero que sigas comprometido a alcanzar tu destino: convertirte en el líder que Dios espera que seas.

El inicio de mi liderazgo

Al inicio de mi ministerio, fui enviado al distrito más pequeño, cuya iglesia principal había sido un grupo (sin el estatus de iglesia organizada) durante más de dieciocho años. Sí, leíste bien: ¡18 años! Ahora bien, ¿qué sucede cuando una congregación atraviesa tanto tiempo sin crecer? ¿Lo has considerado alguna vez?

Estoy seguro de que conoces algunas de estas congregaciones. Son los mismos hermanos, cuyos cabellos se van poniendo blancos mientras permanecen al frente como líderes, porque la nueva generación ha desaparecido y los nuevos bautizados no permanecen en la iglesia.

El mobiliario, las bancas, el púlpito y los utensilios, junto con la estructura, el piso y las paredes, parecen conformar una fotografía antigua. Nada es nuevo. El tiempo se ha detenido. Estamos congelados en el momento cuando todo comenzó. Podría pensarse que el lugar de adoración pareciera reflejar lo que sucede en el corazón de los miembros de la iglesia. ¿Qué ocurre con esta congregación?

El propósito de este libro es empoderar a los que han recibido esta gran responsabilidad del liderazgo y desean alcanzar algo más que buenas intenciones. En lo más íntimo de sus almas, en su compromiso sincero con Dios, no quieren fracasar en su anhelo, intención o propósito de vida. Concretar los planes de Dios en las congregaciones es la razón de su existencia.[12]

Querido lector, ahora deseo compartir contigo el primer gran principio para ver el cambio en tu ministerio y, por supuesto, en tu congregación. Este amanecer surge como resultado de la comprensión y reflexión sobre siete aspectos que debes considerar para galvanizar y estimular tu espíritu como líder y el de aquellos que te rodean. Es el primer y más importante paso para liberarte de la dictadura del estatus quo, la ausencia de unidad y, por supuesto, el estancamiento en el crecimiento.

Tómate el tiempo necesario para considerar cada uno de estos aspectos. Aunque podrían ser motivo de estudios separados, al mirarlos en conjunto, significarán la chispa del verdadero reavivamiento y reforma en tu congregación.

1. Descubre cuál es *tu opinión* de la condición de la iglesia.

Reflexiona detenidamente sobre este aspecto. ¿Consideras normal o aceptable la condición de la iglesia para ti o para la congregación? ¿Crees que no puede haber un cambio en tu congregación? ¿La frustración ha llegado a un punto en el que un cambio sería simplemente un milagro? La intención de estas preguntas es que las respondas con sinceridad. No se trata de decir lo que las personas consideran apropiado, sino de expresar lo que realmente está en tu corazón y en el de los líderes de la iglesia.

Tras estar en muchas iglesias de otros tantos lugares me he encontrado con esta misma situación espiritual en las congregaciones. Sorprendentemente, antes me parecía normal. ¡Yo mismo era parte del mobiliario! Sin embargo, después de mucho tiempo en el ejercicio del liderazgo, lo comprendí. Pude verlo en profundidad, con su verdadero significado. Estoy convencido de que en ese momento (creo firmemente que el Espíritu de Dios iluminó mi entendimiento para ver las cosas desde una perspectiva diferente), me di cuenta de que lo que sucedía en estas congregaciones no era simplemente la descripción o el síntoma del problema, sino principalmente *la causa del problema*.

Ya puedo escuchar tu pregunta: ¿Qué quiere decir, pastor?

Permíteme explicártelo.

Lo peor de la condición de la iglesia no es lo que ha sucedido con el templo y el mobiliario, sino con los líderes y los miembros *en su espíritu*. Se han acostumbrado a su situación y no saben, ni imaginan, ¡ni *creen que puedan cambiarla!* ¿Lo ves?

La situación de la congregación no es un síntoma de una causa, sino la causa misma. ¿Por qué? Es diferente decir "la iglesia está enferma" a decir "SOMOS una iglesia enferma". SOMOS una iglesia que no trabaja. SOMOS una iglesia desunida. SOMOS una iglesia fría. En el primer caso, se refiere a algo temporal. En el segundo, se trata de una identidad. ¿Ahora lo ves?

Los síntomas pueden cambiar, pero cuando la iglesia se identifica con sus propios síntomas, ellos mismos se convierten en la causa de esos síntomas.

Si digo "la congregación está fría", describo un síntoma que puede modificarse. Pero si afirmo que "somos una congregación fría", estoy aceptando esa condición como algo natural e inalterable. Se convierte en *la condición, la causa o la naturaleza* de la congregación. Es como decir: "Tengo dolor de cabeza" frente a afirmar "soy un dolor de cabeza". En el primer caso, hablamos de un síntoma temporal; en el segundo, de una condición. ¿Tener o ser?

Comprender este aspecto resulta trascendental, porque muchas iglesias han asumido sus síntomas como parte de su condición. En este punto, la situación es más alarmante.

Entonces, no importa cuántas posibilidades tenga la congregación o cuánto deseen el pastor y los líderes que algo cambie en su comunidad; si no se produce una liberación de las creencias y prácticas que los han atado hasta ese momento, cualquier esfuerzo será superficial, temporal e inútil.

Por favor, lee otra vez esta frase y medita en ella con detenimiento. Lo que el liderazgo espera y busca es un cambio en la condición. ¡Nos RESISTIMOS a ser conocidos por nuestras carencias y, peor aún, a que nos identifiquen por ellas! Es importante aclarar esto desde el principio. No podemos permitir que se apoderen de nosotros las situaciones que podrían desaparecer al confrontarlas con el poder de Dios. ¡Deben desaparecer!

2. Reconozcamos nuestras creencias erróneas para la liberación

El liderazgo comienza en la mente. Los líderes de esta congregación deseaban crecer, ¡lo querían de verdad! (nota que está en pasado). Sin embargo, tras muchos años de intentarlo, *habían dejado de creer*. Para ellos, la condición de la iglesia era llevadera, incluso aceptable. En lo más profundo de su interior, tal vez pensaban que ese y no otro era el "plan de Dios" para su congregación.

No importaba lo que sucediera o los pastores que llegaran: ¡Ellos seguirían igual! Puedo decirles que podían continuar llevando el nombre de iglesia, pero no experimentaban el poder prometido.

Esta condición me hace recordar el mensaje del testigo fiel a la iglesia de Sardis,[12] una de las siete iglesias ubicadas en Asia Menor: "Yo conozco tus obras; tienes nombre de que vives, pero estás muerto" (Apocalipsis 3:1). Podían seguir siendo una congregación y tener un templo, pero en su interior carecían del poder y la vida necesarios para su crecimiento y multiplicación.

¿Has escuchado a veces a los líderes de una congregación decir: "Eso ya se intentó y no funcionó", "Esta iglesia es diferente a las demás", "Aquí somos así" o "He visto más que usted y tengo la experiencia para decirle que no cambiaremos"? Te pregunto a ti: ¿Está viva esta iglesia?

Esto fue lo que encontré cuando caminé por aquel lugar y miré a mi alrededor aquel otoño. En mi corazón me pregunté: ¿Por qué estoy aquí? Luego Dios me respondió en mi corazón: "¡Para eso estás aquí!"

3. *Crea* que el cambio es posible.

Esta "condición" de congelamiento, tanto físico como espiritual, no solamente puede ocurrir en una iglesia pequeña. También he visto muchas grandes congregaciones organizadas, con muchos años de existencia, que permanecen inalterables, detenidas en el tiempo. ¡Son los mismos líderes! ¡Son los mismos miembros! Carecen de la fuerza para crecer ellos mismos y, mucho menos, para generar nuevas iglesias. En no pocas ocasiones, el fruto de sus

---

[12] Sardis, situada a unos 80 kilómetros al este de Esmirna, era bien conocida en el siglo VI antes de Cristo como la hermosa capital de Lidia. Fue destruida por un terremoto en el año 17 d.C. y luego reconstruida bajo Tiberio. Véase Horst Balz y Gerhard Schneider, *Diccionario exegético del Nuevo Testamento* (Grand Rapids, MI: Eerdmans, 1990-), 229.

esfuerzos es escaso o incluso ausente. Vale la pena preguntarnos: ¿Está enferma? ¿Ha envejecido? ¿Está muriendo?

La iglesia enferma: *No está activa*. Permíteme que diga que la característica de una iglesia enferma es que un porcentaje importante de su congregación no participa o no está activa en las actividades espirituales, sociales o misioneras.

La iglesia que envejece: *No es productiva*. También, las iglesias que están *envejeciendo* han perdido la capacidad natural para reproducirse. Estas congregaciones tienen dificultad para aumentar el número de sus miembros e incluso establecer nuevas congregaciones.

La iglesia que está muriendo: *Pierde a sus miembros*. Finalmente, las congregaciones que están *muriendo*, además de estar inactivas y no reproducirse, el número de sus feligreses va disminuyendo año tras año.

¿Qué debemos hacer para creer que el cambio es posible? Aunque la situación parezca desesperada y nuestros esfuerzos inútiles, si comprendemos y creemos lo que Dios prometió, una renovada vida y poder vendrá como resultado sobre nuestro ministerio y congregación.

Lee con oración y detenimiento estos cinco textos y responde la pregunta: ¿Cuál es el mensaje de Dios para sus líderes y pueblo?

- "El lugar seco *se convertirá* en estanque, y el sequedal en manaderos de aguas; en la morada de chacales, en su guarida, será lugar de cañas y juncos (Isaías 35:7-9, énfasis añadido)".

- "Porque yo *derramaré aguas* sobre el sequedal, y ríos sobre la tierra árida; mi Espíritu derramaré sobre tu generación, y mi bendición sobre tus renuevos (Isaías 44:3, énfasis añadido)".

- "Se alegrarán el desierto y la soledad; el yermo se gozará y *florecerá* como la rosa. Florecerá profusamente, y también se alegrará y cantará con júbilo; la gloria del Líbano le será dada, la hermosura del Carmelo y de Sarón. Ellos verán la gloria de Jehová, la hermosura del Dios nuestro (Isaías 35:1-2, énfasis añadido)".

- "Hasta que desde lo *alto el Espíritu sea derramado* sobre nosotros. *Entonces* el desierto *se volverá* un campo fértil, y el campo fértil se convertirá en bosque (Isaías 32:15, énfasis añadido)".

¿Cuál es la imagen? Dios observa a su pueblo sobre las estepas del desierto, en una condición de sequía espiritual durante los días de Isaías. Y frente a esa aridez, Él promete que hará que cambie la situación, de ausencia a manifestación de su poder.

¿Qué sucederá? La condición de sequedad y ausencia de verdor desaparecerá, y en su lugar surgirán estanques, ríos, refugios, campos fértiles y bosques. ¡Qué imagen impresionante! Estas promesas fueron dadas a un pueblo que sufría la ausencia de Dios. Entonces, la solución a su situación se presenta claramente: agua.

El agua aquí es señalada por la Palabra de Dios como representación de *la obra del Espíritu Santo* que traería la transformación sobre el pueblo, del mismo modo como el agua cambia el desierto. No importa cuán seco y árido sea el desierto puede ser transformado por el poder del agua.

Un ejemplo notable es el desierto de Atacama, uno de los lugares más áridos del mundo. Sin embargo, de vez en cuando, ocurre un milagro debido al fenómeno meteorológico conocido como "El Niño": ¡El desierto florece! Gracias a las lluvias, no solo crece el verdor, sino que también florecen más de 200 especies de flores.[13]

Estos textos bíblicos nos aseguran que Dios ha prometido cambiar la situación de su pueblo, sin importar cuán triste sea su condición. ¡Él promete transformar el desierto! ¿Tú lo crees? ¿Lo cree tu iglesia? Y especialmente, ¿lo creen tus líderes?

---

[13] https://www.eluniversal.com.mx/destinos/el-extrano-fenomeno-que-hace-florecer-el-desierto.

4. Aplica la solución.

¿Qué necesitas para que el milagro del florecimiento ocurra en tu congregación? La respuesta es la clave del fin de un ministerio sin resultados e iglesias castigadas por la ausencia de poder y vida. Se necesita agua. Sí, ¡agua!

Imagina intentar revivir un desierto sin agua. Es como tratar de conducir un automóvil sin combustible. Puedes pintarlo, instalar los asientos más cómodos y perfumarlo con la fragancia más agradable, pero no avanzará. No puede moverse sin energía. De manera similar, la respuesta para una iglesia enferma, envejecida o moribunda es la obra del Espíritu Santo.

Este proceso de florecimiento y reverdecimiento espiritual se conoce como avivamiento. *Es el milagro que Dios tiene planeado para tu congregación.* ¿Lo crees? ¿Tus líderes también lo creen? Dios anhela que cada miembro y cada iglesia se conviertan en un campo fértil. ¡Un bosque para la gloria de Dios!

Recuerda que el avivamiento es un proceso continuo, y la búsqueda del Espíritu Santo es fundamental para mantener la vitalidad espiritual en cualquier comunidad de fe. ¡Que Dios siga bendiciendo tu ministerio!

Esta gran y poderosa verdad solo puede manifestarse cuando aprendemos a no solo *escuchar la verdad acerca de* Dios, sino también a escuchar a Dios directamente. Él tiene un mensaje personal y apropiado para nuestras vidas. No entenderlo, impide que el agua del Espíritu riegue nuestros corazones y los de los miembros de la congregación.

¿Qué significa esto? Jesús lo planteó de esta forma: "Y cuando él venga, *convencerá* al mundo de pecado, de justicia y de juicio (Juan 16:8, RVR60)". No se trata solo de hablar del agua, sino de beberla. No es suficiente conocer la verdad, sin ser *convencidos* de nuestra pecaminosidad. El agua debe ser derramada en nuestros corazones y conciencia para experimentar sus beneficios, y no solo tocar nuestra mente. Cristo entendía este poder cuando afirmó: "El espíritu es el que da vida; la carne para nada aprovecha; las palabras que yo os he hablado son espíritu y son vida" (Juan 6:63). La única forma de experimentar esta vida es permitir que la semilla eche raíces profundas. ¡Que transforme nuestra mente! Entonces estaremos recibiendo la lluvia del cielo.

En este sentido, siempre recordemos que escuchar acerca de Dios y escuchar a Dios son dos cosas distintas. Los fariseos, Nicodemo y Pablo habían oído hablar de Dios, pero no habían escuchado directamente su voz. Esa diferencia marca un gran cambio en nuestra relación con Él.

5. Inicia el reavivamiento en la iglesia.

Me gusta la palabra "avivamiento" porque implica más que una simple renovación o restauración; significa volver a la vida, traer más vida. Y esto se alinea perfectamente con lo que Cristo prometió: "Yo he venido para que tengan vida, y para que *la tengan en abundancia*" (Juan 10:10, énfasis añadido).

Es el plan de Dios que sus líderes y su pueblo tengan vida, y que esta vida sea cada vez más plena y abundante. En ese sentido, no existe límite para el crecimiento del poder de vida en la iglesia. Puede elevarse cada vez más alto. ¡Aviva tu iglesia! El avivamiento trae vida a los muertos y salud a los enfermos.

El avivamiento implica experimentar el poder de Dios. El propósito de los líderes es que su iglesia crezca como la luz de la aurora, experimentando la plenitud de la presencia del Espíritu Santo. A lo largo de la historia, Dios ha utilizado a muchos hombres para llevar a cabo este reavivamiento.

Jonathan Edwards fue una figura destacada en el Gran Despertar en Norteamérica.[14] Al hablar sobre ese reavivamiento, afirmaba que era "el medio principal de Dios para la extensión de su Reino".[15] Por su parte, el historiador de los avivamientos Edwin Orr, los percibe como "un movimiento del Espíritu

---

[14] Brian H. Edwards, *El avivamiento: Un pueblo rebosante de Dios*, trad. Valerie Crespí-Green (Moral de Calatrava, Ciudad Real, España: Editorial Peregrino, 2001), 27.

[15] Edwards, *El avivamiento: Un pueblo rebosante de Dios*, 27.

Santo que produce un avivamiento del cristianismo del Nuevo Testamento en la Iglesia de Cristo y en la comunidad cercana".[16]

El evangelista escocés Duncan Campbell, quien participó en un avivamiento del siglo XX en las islas Hébridas, lo define como "una comunidad rebosante de Dios".[17] Experimentar la presencia divina es la meta fundamental del verdadero cristianismo, y los líderes espirituales deben priorizarla en sus congregaciones.

¿Cuál es el resultado del reavivamiento? Evan Roberts, un joven que durante tres años oró por el avivamiento en Gales y que finalmente ocurrió a partir de 1904, dijo: "Mi misión es primeramente a las iglesias. Cuando las iglesias se despierten al deber, multitud de hombres del mundo serán introducidos en el Reino. Una iglesia entera de rodillas es irresistible".[18] Sin embargo, este principio, aplicable a la iglesia en su conjunto, debe comenzar en primer lugar por el líder. Un líder reavivado y de rodillas es el primer paso para reavivar una iglesia. Este principio de Roberts coloca al líder en una posición delicada, porque será él o ella la chispa divina que reinicia la vida espiritual.

¿Por qué no se ha logrado el reavivamiento?

Existen al menos tres importantes razones por las cuales no ocurre un reavivamiento. Aunque el Espíritu de Dios puede convencernos de esta necesidad y estar dispuestos a obedecer, es crucial comprender los principios que lo hacen posible. A medida que exploramos cada uno de ellos, te invito a abandonar las barreras y transitar por el sendero que nos conducirá al cumplimento de la promesa divina.

---

[16] Edwards, *El avivamiento: Un pueblo rebosante de Dios*, 28.

[17] Edwards, *El avivamiento: Un pueblo rebosante de Dios*, 28.

[18] Edwards, *El avivamiento: Un pueblo rebosante de Dios*, 29-30.

El avivamiento no es resultado de nuestro esfuerzo, sino es producto de la obra de Dios

La primera razón por la que no ocurre el avivamiento es porque se piensa que es una obra que depende de nosotros y no es una obra de Dios. Este pensamiento nos conduce a depender más de nuestros propios esfuerzos o planes, que de la oración y dependencia de Dios. Recuerda lo que dice la Escritura: "¿No volverás a darnos vida, para que tu pueblo se regocije en ti? (Salmo 85: 6.) La vida es un don divino. Por tanto, debemos orar y depender más que nunca de Dios para experimentar su obra en nosotros.

El avivamiento no es resultado de programas, sino del amor

La segunda razón por la que no se manifiesta el reavivamiento es cuando se priorizan las ceremonias y rituales por encima del amor fraternal y las relaciones profundas entre los hermanos. Los celos, las murmuraciones y las discusiones pueden dañar la vida espiritual de los creyentes. Para buscar sinceramente el reavivamiento, debemos permitir que el amor de Dios inunde nuestras vidas.

El avivamiento no ocurre cuando existe falta de confianza

La razón final por la que las congregaciones no experimentan el reavivamiento es cuando sucede que los miembros no confían plenamente en sus líderes. Esta falta de confianza de los feligreses en los líderes neutraliza su influencia y liderazgo para el logro y las transformaciones.

Los pastores y ancianos, así como los dirigentes de las iglesias deben recordar que el cargo o las posiciones no es lo que da autoridad para la creación de un reavivamiento, sino la presencia del Espíritu Santo en el líder.

6. Lo más importante: El espíritu del líder.

Existen dos verdades fundamentales que, cuando se viven a través de la obra del Espíritu Santo en el corazón del líder, lo empoderarán para cumplir su tarea. Tal experiencia es, en sí misma, la chispa que puede encender un avivamiento. Es difícil, sino imposible, que una congregación experimente un reavivamiento o una reforma sin esta primera chispa en el espíritu del líder.

La historia de líderes como Lutero, Wesley, Moody, Spurgeon, Miller, Edwards y otros es un testimonio de esta verdad. Ellos fueron la chispa que encendió una hoguera espiritual. Ahora bien, lo que ellos vivieron no es exclusivo de ellos. ¡En absoluto! Tú, querido lector, yo y cualquier persona *que lo desee* puede experimentar el bautismo del Espíritu Santo en su vida, habilitándonos para cumplir la misión que Dios nos ha encomendado.[19]

Aunque este tema es extenso y merece una conversación más profunda en otra ocasión, permíteme resaltar dos acciones necesarias para que el Espíritu Santo haga su obra en el espíritu del líder.

Postrarse ante la cruz

La Cruz es el punto de partida. Sin experimentarla, no es posible recibir plenamente la gracia divina. Postrarse ante la cruz es reconocer y revivir lo que Cristo hizo por nosotros en el Calvario para liberarnos de nuestros pecados. Ante la cruz, el Espíritu Santo nos convence de "pecado, justicia y juicio", y sentimos el perdón divino.

---

[19] Jesús dijo: "Y yo os digo: Pedid, y se os dará; buscad, y hallaréis; llamad, y se os abrirá. Porque todo aquel que pide, recibe; y el que busca, halla; y al que llama, se le abrirá. ¿Qué padre de vosotros, si su hijo le pide pan, le dará una piedra? ¿O si pescado, en lugar de pescado, le dará una serpiente? ¿O si le pide un huevo, le dará un escorpión? Pues si vosotros, siendo malos, sabéis dar buenas dádivas a vuestros hijos, ¿cuánto más vuestro Padre celestial dará el Espíritu Santo a los que se lo pidan?" (Lucas 11:9-13).

El líder debe desnudarse de su propio "yo" para luego ser revestido con el poder del perdón divino. Solo Dios conoce el corazón humano. El convencimiento del pecado en el corazón del líder ya sea público o interno, es el primer paso esencial para experimentar el reino de Dios en su congregación. Como fruto de este convencimiento, surge la confesión. Al alinearnos con la voluntad perfecta de Dios, reconocemos nuestras faltas y cambiamos nuestra actitud hacia ellas. Pedir perdón a Dios es el gran paso que da inicio al avivamiento en la congregación. La Biblia lo llama arrepentimiento.

Esto es muy importante que lo entendamos. Todo crecimiento del reino de Dios en la iglesia comienza en el corazón del líder. Este proceso implica morir con Cristo en la cruz, crucificar al viejo hombre y a la carne, y permitir que el Espíritu de Dios nos guíe (Gálatas 2:20). Pablo afirmaba que estaba crucificado con Cristo, y esta experiencia *le daba poder* en su ministerio.

¿Cuál es el resultado de la victoria de Cristo en la Cruz aplicada a nuestra vida? El líder, empoderado por esta victoria, podrá tener autoridad para enfrentarse a Satanás, el príncipe de este mundo, e interceder por las promesas de Dios en la vida de sus miembros de la congregación en "el nombre de Cristo".

Para ser un instrumento de bendición, debemos postrarnos ante el suelo del Calvario, humillarnos en la cruz y permitir que la presencia de Cristo, su poder y su autoridad nos llenen. Sin esta experiencia, no "sentiremos" la capacidad de enfrentarnos a Satanás y vencerlo. La cruz de Cristo se convierte en la plataforma desde la cual podemos reclamar las promesas y victorias que Dios ha destinado para nuestras vidas, nuestras iglesias y nuestras congregaciones.

Todo, absolutamente todo, puede ser ganado, recibido o alcanzado a través de lo que Cristo hizo en la cruz del Calvario por nosotros. Es allí, y solamente allí, donde se sostiene el reino de salvación y poder. Cuando el líder interioriza esta experiencia de fe, reconociendo la posesión de este reino en su corazón, podrá caminar en él y obrar para su engrandecimiento del reino mediante el poder del Espíritu Santo.

Esta experiencia espiritual única es la que Cristo señaló a sus discípulos cuando dijo: "El que permanece en mí, y yo en él, llevará mucho fruto; porque separados de mí nada podéis hacer" (Juan 15:5). La permanencia en Cristo es una condición esencial para la salvación y la vida en él. Cristo promete que los miembros, líderes, familias o iglesias que experimenten esta condición verán muchos resultados. La vida, el campo fértil o el bosque serán los resultados de esta experiencia de unidad real, la clave para el avivamiento y la transformación.

Permíteme resumir. El líder ante la cruz del Calvario:

- Reconoce sus faltas y pide perdón.
- Acepta a su Salvador y reconoce su nueva condición de hijo redimido y participante del reino de Dios.
- Satanás no puede acusarle porque todos sus pecados han quedado perdonados en Cristo.

Es imposible para un líder experimentar los frutos de un avivamiento en su iglesia, en los miembros y en el crecimiento del reino de Dios sin estar a los pies de la cruz y recibir el reino de Dios a través del Espíritu Santo.

Sin embargo, en su condición espiritual de perdonado e hijo de Dios, el líder debe añadir una segunda vivencia:

Sentarse en el trono

Por lo general, cuando hablamos de Cristo hacemos mucho énfasis en la experiencia de la Cruz; algo así como que debemos estar crucificados con Cristo. Pero la Escritura muestra otro aspecto importante que debe ser la experiencia del cristiano: ¡Sentarse en el trono!

Pablo en su carta a los efesios señaló: "Y juntamente con Cristo Jesús, nos resucitó y nos hizo sentar en los lugares celestiales" (Efesios 2:6). Permíteme señalar dos aspectos importantes en este texto. Primero, deseo hacer referencia al contexto. En el versículo anterior, el apóstol Pablo explica que por la muerte de Cristo tenemos "vida" cuando nos unimos con Él. El apóstol escribió:

"Aunque estábamos muertos a causa de nuestros pecados, nos dio vida con Cristo, pues solo por su gracia somos salvos" (Efesios 2:5).

Y justo después de describir la realidad de nuestra unión con Cristo "en la cruz", el texto afirma: "Y juntamente con Cristo". La versión *Reina Valera Contemporánea* dice: "y también junto con él"; la versión *Nueva Biblia Viva* señala: "Además, nos levantó con Cristo," y la versión *Dios Habla Hoy* dice: "Y en unión con Cristo". Lo que afirma el texto en su contexto es que, del mismo modo como Cristo nos salva, al mismo tiempo y como segundo acto *nos empodera*: nos hace "sentar en los lugares celestiales".

Si cada cristiano comprende y vive esta verdad, se verán más guerras espirituales ganadas y el reino de Dios pronto será establecido en la tierra.

De la misma forma como estar en la cruz es una experiencia de aceptación del perdón y salvación, el sentarse en el trono es una aceptación de la autoridad y señorío de Cristo.

Cuando Cristo se sentó a la diestra de Dios, nos hizo sentar también a nosotros espiritualmente. ¿Para qué? El sentido que el texto quiere entregar es para que tuviéramos autoridad espiritual en su reino.[20] La iglesia debe profundizar en lo que esto significa hoy, que no es diferente de lo que significó en el pasado.

El apóstol Pedro afirmó:

- "Vosotros también, como piedras vivas, sed edificados como casa espiritual *y sacerdocio santo*, para ofrecer sacrificios espirituales aceptables a Dios *por medio de Jesucristo*" (1 Pedro 2:5, énfasis añadido).

En la revelación del Apocalipsis, Juan señaló:

- "Y de Jesucristo el testigo fiel, el primogénito de los muertos, y el soberano de los reyes de la tierra. Al que nos amó, y nos lavó de nuestros

---

[20] Jesús dijo: "Y todo lo que atares en la tierra será atado en los cielos; y todo lo que desatares en la tierra será desatado en los cielos" (Mateo 16:19).

pecados con su sangre, y *nos hizo reyes y sacerdotes* para Dios, su Padre; a él sea gloria e imperio por los siglos de los siglos. Amén" (Apocalipsis 1:5-6, énfasis añadido).

- "Y cantaban un nuevo cántico, diciendo: Digno eres de tomar el libro y de abrir sus sellos; porque tú fuiste inmolado, y con tu sangre nos has redimido para Dios, de todo linaje y lengua y pueblo y nación; *y nos has hecho para nuestro Dios reyes y sacerdotes*, y reinaremos sobre la tierra" (Apocalipsis 5:9-10, énfasis añadido).

Para la iglesia del Nuevo Testamento, Cristo es Rey de Reyes y Señor de Señores. Esta verdad fue la fuente de autoridad de los discípulos sobre la tierra. Ellos anunciaron el evangelio respaldados en que Cristo dijo que tenía toda autoridad en el cielo y en la tierra (Mateo 28:18). Por eso, cuando Pedro entró al templo pudo decir con autoridad al paralítico: "En el nombre de Jesucristo de Nazaret, levántate y anda" (Hechos 3:6). Como resultado, el paralítico caminó.

El Nuevo Testamento muestra una iglesia que ora y el reino de gracia se manifiesta con poder. Cada creyente entendía que era parte del cuerpo y reino de Cristo en la tierra.

Esta autoridad espiritual permite al creyente pelear la buena batalla de la fe, y enfrentar y vencer a los principados, potestades y "huestes espirituales de maldad en las regiones celestes" (Efesios 6:12). Moisés obtuvo la victoria sobre Amalec por medio de la autoridad y poder en Dios. La historia dice que cuando en oración intercedía por el pueblo, Josué vencía al enemigo. ¿Acaso existe una imagen más poderosa que esta para entender el poder de una oración, que obtiene primero la victoria en los lugares celestiales *por medio de* Cristo?

Estar sentados en los lugares celestiales con Cristo implica algo más que estar salvos. Significa también que somos coherederos con él, que su autoridad es nuestra autoridad, su poder, nuestro poder, su obra, nuestra obra. Ahora, de la misma manera como los que siguen el espíritu del príncipe de la potestad del aire para su obra, los que están en Cristo experimentan su Espíritu y poder (Efesios 2:2; 3:20).

Esa oración que se apropia de los méritos y la autoridad de Cristo en los cielos, es la única plegaria a la cual Dios responderá estableciendo su reino en la tierra. La fe en Cristo como Salvador, nos da perdón y salvación. La fe en Él como Señor, nos da poder y autoridad para ser sus instrumentos.

Además, el estar nosotros en Cristo nos asegura por fe, que Él pelea cada batalla por nosotros en el trono, y enfrenta con su autoridad a los principados y potestades de este mundo por nosotros. Finalmente, no es nuestra batalla, sino la suya. Y de la misma forma como ganó nuestra salvación en la cruz, obtiene nuestras victorias en su trono, para su gloria.

7. Vive en el reino de Dios.

Al ser hijo de Dios, puedes recibir las abundantes riquezas de su gracia; todo lo que el Padre desea otorgarte porque tú eres su hijo. ¡Es tu nueva identidad en el reino! Lutero, un monje católico, comenzó a hablar de la gracia de Dios y la fe de Dios. Abriendo sus ojos pudo ver más allá de lo estructural y ceremonioso a lo espiritual y divino. Sin embargo, las ataduras permanecen; necesitamos entender que el reino de Dios excede a la comida y bebida. Cuando el Espíritu Santo está en el corazón, se manifiesta en:

Gozo de Dios

El cristiano que vive en el reino de Dios, se goza en el Señor. El mundo puede ofrecernos muchas luchas y pruebas, pero la experiencia de estar en Cristo es descubrir el gozo que se sostiene en la confianza en Dios y su poder (Juan 15:11; Lucas 10:21; Gálatas 5:22).

Amor de Dios

Además del gozo, es necesario experimentar el amor, el verdadero amor de Dios en el corazón de cada cristiano. Esta es otra experiencia espiritual que permite sentir el reino de Dios (Gálatas 5:14; Mateo 22:40; Romanos 13:10). Por el contrario, las congregaciones cuyos miembros carecen de amor, tampoco conocen a Dios y como resultado no experimentarán la realidad de su reino (1 Corintios 13:1-7).

Poder de Dios

Pablo dijo: "Porque el reino de Dios no consiste en palabras, sino en poder" (1 Corintios 4:20.) Los primeros cristianos experimentaron en sus vidas y congregaciones la manifestación del reino de Dios. El libro de Hechos de los apóstoles es un registro que testifica de ese poder. ¿Se necesita hoy? Esta es una pregunta que muchos responden afirmativamente, sin embargo el problema permanece. Más bien la pregunta debería ser: ¿Por qué no lo tenemos y cómo podríamos experimentarlo? Esta es una necesidad que ha de satisfacerse en los corazones de los creyentes.

Gracia de Dios

Recordemos que por misericordia no recibimos lo que merecemos, y que por la gracia recibimos lo que no merecemos. Cuando cada creyente está lleno de gracia, su corazón está experimentando la presencia de Dios en plenitud. Dar gracia como miembros y congregación es experimentar la experiencia de Jesús viniendo al mundo "lleno de gracia" (Juan 1:14).

Fe de Dios

Otra de las necesidades más importantes de las congregaciones y creyentes es la fe (Hebreos 11:6). Y es uno de los desafíos que enfrentará el cristianismo en los últimos tiempos. Cristo afirmó: "Cuando el hijo del hombre venga, ¿hallará fe en la tierra?" (Lucas 18:8). El cristiano actual se reconoce rodeado de materialismo y de un pensamiento humanista que ha excluido a Dios y su poder de la vida de las personas (Mateo 16:26-28). En consecuencia, para una iglesia que espera y busca experimentar los milagros de Dios, será necesario que aumente su fe. Este es el peregrinaje que todo cristiano necesita aprender a recorrer para crecer en fe (Mateo 17:20; Apocalipsis 14:12).

Dirección divina

La iglesia primitiva y los cristianos gozaban de la dirección divina del Espíritu Santo. Y era su gozo más grande testificar de esta realidad (Hechos 15:28-30). Dios dirigió a la iglesia por medio del Espíritu Santo para escoger a Pablo y Bernabé con el fin de ministrar a la iglesia de Antioquía y le hablo a Felipe para que tomara el camino que desciende de Jerusalén a Gaza y se encontrara con el etíope (Hechos 8:29). ¿Está Dios manifestando su voluntad a la iglesia? Puedo decir que sí. Pero existe mucha más necesidad de dirección divina en las congregaciones y en cada miembro. Cada miembro de iglesia necesita experimentar una relación íntima con Dios (Hechos 7:13).

La provisión de Dios

Dios ha prometido suplir las necesidades de su pueblo. Cuando estuvo entre nosotros sobre la tierra, Jesús demostró que puede atender las necesidades con lo poco que se pueda tener. Hoy existen muchas personas en las congregaciones, que esperan ver el cumplimiento de la promesa que el justo no será desamparado y que Él proveerá todo lo que nos falte. Esta es una promesa del reino de Dios que necesita ser experimentada en cada congregación.

Andar en el Espíritu

Cada cristiano y muy especialmente los líderes, están llamados a experimentar una profunda relación con el Espíritu Santo y disfrutar la plenitud de Dios en su vida. Al caminar por el Espíritu, el cristiano habrá vencido la carne con sus pasiones y deseos (Gálatas 5:24). Será un nuevo nivel de costumbres que lo libera de la esclavitud del pecado y lo convierte en un instrumento poderoso de Dios.

Estamos llamados a dejar de enfatizar las ceremonias como si fueran sacramentos y a buscar la vivencia del poder de Dios en nuestras vidas. Así podremos reflejar la vida y el carácter de Dios, como lo fue reflejado en Jesús. Esta es nuestra meta.

Por supuesto, debemos recordar que esta experiencia está a nuestro alcance y es gratuita. Dios está listo para otorgar todos estos dones de las inescrutables riquezas de la gracia de Dios. Pablo lo reconoció: "A mí, que soy menos que el más pequeño de todos los santos, me fue dada esta gracia de anunciar entre los gentiles el evangelio de las inescrutables riquezas de Cristo" (Efesios 3:8).

Esto es solo el principio. Los líderes tomarán esta visión de experimentar el poder de Dios y compartirán lo que han visto, oído y vivido con los seguidores. Esto es lo que ocurre con la gracia y el reino de Dios: se comparte y crece.

Liderar en el Espíritu

Cuando Dios llamó a Zorobabel, recibió la confirmación divina que le aseguró: "No vencerás con ejército, ni usando tu fuerza, *sino sólo con mi Espíritu,* dice el Señor Todopoderoso" (Zacarías 4:6, versión Nueva Biblia Viva). Esta declaración ha alcanzado nuestro tiempo y continúa conteniendo el mismo poder y autoridad. Tal como lo fue ayer, es el primer y más importante principio para observar un cambio. ¿Estás dispuesto?

Si tomas la decisión…
1. Estarás listo para luchar esta batalla espiritual contra los poderes sobrenaturales vestido con la armadura de Dios.
2. Entregarás la vida a Dios y al convencimiento del Espíritu Santo para ser guiado en tu propia transformación y crecimiento espiritual.
3. Comenzarás a orar e interceder con fervor para que el poder del Espíritu Santo sea derramado en tu vida y en la vida de la congregación; para que el desierto de convierta en campo fértil.

4. Te unirás al ejército de líderes y miembros intercesores en las mañanas, clamando por la conversión de los corazones y la bendición de la manifestación del reino de Dios en cada miembro y en la congregación.

5. Intercederás como Moisés por medio de la oración que libera y da fuerzas al pueblo para obtener la victoria sobre Satanás.

Firma: _____ Fecha: _____

Me siento feliz de que has llegado a este punto de nuestro estudio de liderazgo. ¿Cómo te sientes? ¿Qué aspectos han impactado tu pensamiento y cosmovisión acerca del liderazgo que Dios hoy te ha puesto en las manos? ¿Sientes en tu corazón que tu fe crece en la manera como Dios puede usarte, tal como lo ha prometido su Palabra, y ver el poder y la gloria de Dios?

Estas preguntas son importantes para tomarnos un momento de reflexión y afirmar los aspectos que necesitan echar raíces en nuestro entendimiento. Después de todo, ¿de qué vale leer y olvidar lo estudiado? ¡De nada! Por eso es necesario que tomes un tiempo para orar, meditar y decidir cómo estas enseñanzas pueden desde hoy encontrar aplicación en tu vida y ministerio. Piensa en todo lo que podría pasar. Solo de imaginarlo me hace sentir más emocionado de todo el esfuerzo hecho para que este material llegue hasta tus manos... y me hace soñar en todo lo que Dios va a hacer contigo. ¡Lo creo! Amén.

Cuando lo consideres oportuno, entonces vayamos juntos a descubrir el verdadero secreto del crecimiento en el siguiente capítulo.

3

El corazón del líder: EL SECRETO DEL CRECIMIENTO

Sentados en las sillas de color turquesa, escuchábamos el informe. Observé a mi alrededor; estábamos todos en silencio. Los últimos años había sucedido lo mismo. "Si sumamos a todos lo que se unieron a la congregación y restamos los que fueron desafiliados, tenemos como resultado –el secretario hizo una pausa y suspiró– menos miembros que el año pasado. Y entonces mencionó la cantidad de miembros que ahora éramos.

¿Por qué muchas congregaciones experimentan esta situación? Se añaden por medio del bautismo muchas personas, pero al final de cada año somos una cantidad de miembros parecida o, en el peor de los casos, menos; por el fallecimiento de algunos de los que eran miembros antiguos.[21]

Al evaluar el estancamiento o decrecimiento de las congregaciones, es casi seguro que al menos llegaremos a la conclusión que necesitamos encontrar una

---

[21] Si pensamos en esto con detenimiento y lo comparamos con la misión de predicar a todo el mundo, nos sentiremos frustrados, preocupados y hasta avergonzados de los resultados de nuestro esfuerzo y liderazgo. El profeta Zacarías hizo saber: "Pero ellos rehusaron escuchar y volvieron la espalda rebelde y se taparon los oídos para no oír. Y endurecieron sus corazones como el diamante para no oír la ley ni las palabras que el Señor de los ejércitos había enviado por su Espíritu, por medio de los antiguos profetas; vino, pues, gran enojo de parte del Señor de los ejércitos" (Zacarías 7:11-12, *La Biblia de las Américas*).

verdadera estrategia para cambiar tal realidad. ¿Qué es lo que buscamos? La respuesta es obvia: ¡Que seamos más personas el siguiente año!

En todos mis años de ministerio vi a muchos líderes, pastores y congregaciones preocupados por el aumento real de la feligresía. Es penoso reconocer que sus esfuerzos resultaban inútiles; al igual que los míos. "Tenemos que reconstruir el éxito", era una de las expresiones comunes de un colega que diseñaba cada año nuevos lemas y estrategias. Era agotador. Nuevas reuniones, estrategias mejoradas, capacitaciones y motivaciones.

Afortunadamente, en cierto momento encontré la razón por la cual cada año comenzaba una y otra vez desde el mismo punto de partida. ¿Es así como lo hacía la iglesia primitiva? Me pareció que no; y me imagino que tú compartirías ese parecer.[22]

Por fin reuní el valor para tomar la segunda decisión que cambió mi ministerio. Mi querido lector, me gustaría que pensaras que si esta decisión no se toma, permaneceremos como aviones en vuelo crucero, sobrevolando a la misma altura, cuando estamos soñando con alcanzar las estrellas.

Insisto: al visitar decenas de congregaciones en Norte, Centro y Sudamérica, percibo que este problema o realidad es recurrente en un porcentaje importante de congregaciones. Y para revertir la situación, se han examinado opciones para la consolidación y crecimiento de los miembros que van desde afianzar la calidad de los miembros por medio de una capacitación más concienzuda previa al bautismo hasta intensificar su cuidado posterior mediante la ejecución de diferentes tipos de eventos como capacitaciones, servicios de adoración y actividades sociales. En resumen, por lo regular el acompañamiento

---

[22] Según la página pastoriad.org, solo el 21,8% de las congregaciones tuvieron un crecimiento de feligresía activa entre 2023 y 2024. Un 64.8% permaneció con la misma cantidad de miembros y el 13.4% decreció. Sin embargo, el porcentaje de congregaciones en las que disminuyen sus miembros va aumentando a medida que crece el posmodernismo y el secularismo en la sociedad.

emocional y el crecimiento cognitivo son los dos principales objetivos desarrollados en los programas de las iglesias; no obstante, el alcance de la meta todavía está lejos de alcanzarse.

Volvamos a la pregunta: ¿Cómo deberíamos realizar nuestro ministerio pastoral de tal manera que conlleve crecimiento de la iglesia? Me he convencido de que, para aumentar el crecimiento y reducir la deserción de los miembros, debemos comprender mejor lo que significa la tarea de pastorear. Entre otras cosas, este es el próximo paso para la transformación de tu congregación.

¿Qué es pastorear, mirar, apacentar?

Existen dos palabras griegas que surgen del mensaje de Pablo (Hechos 20:28) y de Pedro (1 Pedro 5:1-3), que nos permiten ver con claridad el concepto de pastorear. El primero término es usado por Pablo en su mensaje en Mileto a los ancianos de Éfeso: "Mirad". La palabra "mirad", viene del vocablo griego *prosejo*, que significa prestar atención, estar preocupados. Podemos ver el énfasis particular del interés especial de los ancianos para con los miembros de la iglesia. Si nos detenemos en analizar la forma como Pablo escribió el término "mirad", nos daremos cuenta de que está en el modo verbal imperativo, el cual expresa órdenes o exhortaciones para el cumplimiento de la acción.

Por su parte Pedro, en su primera epístola universal usa el término *poimaino*, que fue traducida como "apacentar" y que significa cuidar el rebaño. Finalmente, el *Manual de la Iglesia Adventista del Séptimo Día* afirma: "como sub-pastores, los ancianos, tienen que velar constantemente por la grey".[23]

El trabajo pastoral significa una preocupación, interés y compromiso con el bienestar y cuidado del rebaño de Dios. Ahora surgen los siguientes interrogantes: ¿Se entiende y se practica el ejercicio pastoral del ministerio de los

---

[23] *Manual de la Iglesia Adventista del Séptimo Día - Edición 2022* (Doral, FL: IADPA, 2022), 73.

ancianos? ¿Tienen los ancianos un interés en la grey? ¿Conocen los ancianos a quienes han sido llamados a pastorear? ¿Están cumpliendo los ancianos su responsabilidad bíblica de pastorear? ¿Qué se dice con relación al trabajo pastoral de los ancianos?[24] En relación con la responsabilidad de los ancianos, en el *Manual de la Iglesia* se encuentran dos declaraciones importantes con relación a este aspecto, que nos permite comprender la tarea pastoral del anciano. La primera declaración dice: "El pastor no ha de concentrar en sí mismo todas las responsabilidades, sino compartirlas con los ancianos y demás

---

[24] "Pablo también consideraba que los ancianos eran una función vital de la iglesia primitiva; en particular, le pide a su colega Tito que designe ancianos en cada ciudad de Creta (Tito 1:7). Tanto en Hechos como en la carta de Pablo a Tito, el término "anciano" y el término "supervisor" (que también se traduce como "obispo") son esencialmente sinónimos (Hechos 20:28 se refiere como "supervisores" a los "ancianos" en Hechos 20:17 y Tito 1:5-9). Es este el grupo de personas que supervisa las operaciones de la iglesia. Esto es lo más parecido a una jerarquía clara que vemos en la iglesia primitiva… 1 Timoteo 4:14 se refiere a un grupo de ancianos como el "consejo de ancianos" (πρεσβυτέριον, presbyterion), aparentemente indicando un cuerpo administrativo organizado.

"Si se acepta el punto de vista de que Pablo tenía en la mente los oficios de la iglesia, entonces también se puede argumentar que estos oficios eran tipos de ancianos. Esto no sugiere que las personas en esos cargos de la iglesia fueran los únicos ancianos, sino que, si una persona ocupaba un cargo de la iglesia era anciano de facto y/o que de entre los ancianos se seleccionaban personas con los cargos particulares de la iglesia…

"En la iglesia primitiva, los ancianos ofrecían orientación espiritual y supervisión. Pablo proporciona las cualidades para los ancianos en 1 Timoteo 3:1-7 y Tito 1:5-9 (compárese Hechos 14:23; 1 Pedro 5:1-4)". John D. Barry, "Early Church Governance", *Diccionario Bíblico Lexham*, ed. John D. Barry y Lazarus Wentz (Bellingham, WA: Lexham Press, 2014).

dirigentes de iglesia".[25] Es muy claro que la responsabilidad de pastorear se comparte entre los ancianos como *subpastores* de la grey de Dios.

La segunda declaración reafirma el mismo sentido:

La obra pastoral de la iglesia debe ser compartida por el pastor y los ancianos. Los ancianos de común acuerdo con el pastor, deben visitar a los miembros de iglesia, atender los enfermos, fomentar el ministerio de oración, dirigir u oficiar en la ceremonia del ungimiento de enfermos y en la dedicación de niños, alentar a los desanimados y participar de otras responsabilidades pastorales.[26]

Llama la atención cómo en esta declaración se clarifica algunas de las tareas que deben ser ejercidas por los líderes de la iglesia:

1. Visitar a los miembros.
2. Asistir a los enfermos.
3. Invitar a cada miembro a la oración.
4. Ungir a los enfermos.
5. Dedicar niños.
6. Alentar a los desanimados.
7. Otras funciones pastorales relacionadas con el *cuidado integral o completo* de los miembros.

Lo que el *Manual de la iglesia* presenta está en armonía con el trabajo pastoral de los líderes de la iglesia primitiva, quienes hacían un esfuerzo constante por atender las *necesidades* de los miembros y fortalecerlos por medio de la predicación en el templo y la visitación incansable por las casas.[27]

---

[25] *Manual de la Iglesia*, 73.

[26] *Manual de la Iglesia*, 73.

[27] Los apóstoles estaban preocupados porque en todas las congregaciones fueran atendidas sus necesidades. Se realizaban colecta de ofrendas y se promovía las mismas como parte de la mayordomía de la iglesia. Además, como lo muestra el apóstol Pablo,

Elena de White agrega *cómo* debería ser el espíritu del líder al cumplir estas tareas pastorales:

> Los que ocupan la posición de *subpastores* deben ejercer una diligente vigilancia sobre la grey del Señor. No debe ser una vigilancia dictatorial, sino una que tienda a animar, fortalecer y levantar. Ministrar significa más que sermonear; representa un trabajo ferviente y personal. La iglesia sobre la tierra está compuesta de hombres y mujeres propensos a errar, los cuales necesitan paciencia y cuidadoso esfuerzo para ser preparados y disciplinados para trabajar con aceptación en esta vida y para que en la vida futura sean coronados de gloria e inmortalidad. Se necesitan pastores –pastores fieles– que no lisonjeen al pueblo de Dios ni lo traten duramente, sino que lo alimenten con el pan de vida; hombres que sientan diariamente en sus vidas el poder transformador del Espíritu Santo, y que abriguen un fuerte y desinteresado amor hacia aquellos por los cuales trabajan.[28]

Cuando los ancianos y líderes no están preparados para asumir estas responsabilidades de pastorear la congregación, teniendo cuidado de ella individualmente y de forma amorosa, la iglesia sufre.

En este sentido, las congregaciones deben orar y buscar líderes que sirvan a Dios, al pastorear a la iglesia conforme a la voluntad divina revelada. Tal información requiere que, como Samuel, no seamos impactados por el primer hijo, el segundo o los que les siguen, sino que se espere hasta encontrar el correcto, el que Dios tiene preparado para la tarea.

---

se los visitaba en sus casas, y se les escribían cartas para afirmarlos en la fe y conocer de su condición espiritual (Hechos 2:45, 4:32, 20:31 y 1 Corintios 16:13).

[28] Elena G. de White, *Los hechos de los apóstoles* (Doral, FL: IADPA, 2006), 419, énfasis añadido.

Elena de White declaró:

En algunas de nuestras iglesias la obra de organizar y ordenar a los ancianos ha sido prematura; se ha pasado por alto la regla bíblica y por consiguiente la iglesia ha sufrido dificultades graves. No debe haber tanto apresuramiento en elegir a los dirigentes, como para ordenar a quienes no están en manera alguna preparados para la obra de responsabilidad, a saber, hombres que necesitan ser convertidos, elevados, ennoblecidos y refinados antes que puedan servir a la causa de Dios en cargo alguno.[29]

Además agrega:

Los subpastores deben realizar una obra que requiere mucho tacto, siendo que han sido llamados a combatir en la iglesia la desunión, el rencor, la envidia y los celos, y necesitan trabajar con el espíritu de Cristo para poner las cosas en orden. Deben darse fieles amonestaciones, el pecado debe ser reprendido, lo torcido enderezado, no solamente por la obra del ministro desde el púlpito, sino también por medio de la obra personal. El corazón descarriado podrá desaprobar el mensaje, juzgando incorrectamente y criticando al siervo de Dios. Recuerde éste entonces que "la sabiduría que es de lo alto, primeramente es pura, después pacífica, modesta, benigna, llena de misericordia y de buenos frutos, no juzgadora, no fingida. Y el fruto de justicia se siembra en paz para aquellos que hacen paz". Santiago 3:17-18.[30]

---

[29] Elena G. de White, *Consejos para la iglesia* (Doral, FL: APIA, 1991), 446.

[30] White, *Los hechos de los apóstoles*, 420.

¿Apacentamos la grey según el corazón de Dios?

Como líder, esta pregunta te conducirá más allá de las fronteas de lo abstracto, lo intelectual y teórico del liderazgo. ¿Qué significa? Expresa que la visión y el propósito que persigamos los líderes, debe coincidir con el objetivo de Dios. Esto producirá un impacto y éxito del plan de Dios en la vida de los miembros de la iglesia.

Cuando miramos el modelo divino dejado por Cristo, encontramos una visión más completa de la naturaleza principal de la misión. Él confirma que "vino a buscar y salvar lo perdido" (Lucas 19:10, Mateo 18:11). Esta perspectiva salvífica señalada por Cristo destaca el carácter redentor de su misión. No se trataba de un crucero de celebración en una playa paradisíaca, sino de una misión de rescate de un naufragio.

Además, descubrimos que el propósito principal de Cristo en el cumplimiento de la tarea de pastorear estaba centrado principalmente en aquellos que necesitan un pastor. En la parábola de la oveja perdida, el encargado del redil "deja" las noventa y nueve ovejas y sale a *buscar* la única que estaba "perdida" (Lucas 15:4). En este sentido, con el fin de resaltar el enfoque principal de la tarea, Jesús afirmó: "Los sanos no tienen necesidad de médico sino los enfermos" (Mateo 9:12). La pregunta lógica entonces es: ¿Quién necesita un pastor? La respuesta es: ¡Quien está extraviado del camino! ¡La oveja enferma que no puede seguir al pastor!

¿Tienes el valor de "uno"?

En resumen, al examinar a Jesús y su ministerio vemos dos énfasis destacados:

1. El valor de uno para el cielo.
2. La prioridad del cielo.

El poder del liderazgo de Cristo descansó en el hecho que no estaba centrado en la estrategia, el evento o el programa, sino en las personas. Espero que a tu mente pueda venir el recuerdo de muchas imágenes cuando Cristo se *detuvo* y atendió una necesidad. Este modelo y no otro debe ser aplicado por los líderes y miembros que esperan ver que se resuelvan los problemas de la iglesia. Son dirigentes que están deseando ver un crecimiento sin precedentes. Se necesita valorar al ser humano.

Cuando los líderes se enfocan en el programa y no en las personas, el reino de Dios no crece en el corazón de los miembros, sino que pierde su poder cada día. Reflexionemos por un momento en las características de estos dos tipos de ministerio.

Centrado en el **programa**	Centrado en el **miembro**
Se dedica la mayor parte del tiempo en organizar programas.	Se dedica la mayor parte del tiempo en visitar y atender a los miembros.
Un gran porcentaje de los recursos se dedica a la ejecución de actividades.	El mayor porcentaje de recursos es para suplir necesidades de los miembros.
Los líderes no pueden conocen con exactitud el número de miembros que debieran atender, quiénes asistieron a la iglesia, si están enfermos y cómo es su condición espiritual.	Los líderes saben con exactitud el número de miembros de su iglesia, quiénes asisten a la iglesia, están enfermos y cuál es la condición espiritual del miembro.
Los miembros respetan al líder por su posición y liderazgo.	Los miembros aman al líder y le obedecen respondiendo a su amor y cuidado por ellos.

Para provocar un mejoramiento en la eficacia del ministerio, necesitamos mirar al miembro de iglesia como el alma que *debemos* guiar a la salvación, discipular y hacer madurar, y no considerarlo simplemente un espectador más de nuestras reuniones o un número en las estadísticas. Jesús murió en la cruz del calvario por toda persona. Y por uno solo de ellos, Cristo hubiese entregado su vida. El líder cristiano que está comprometido en seguir el ejemplo de Cristo dará valor a cada persona en su ministerio.

El líder frente a mí hizo una pausa en lo que estaba diciéndome. Creo haber entendido el porqué. Me apreciaba y no quería herir mi corazón de joven pastor. "El problema no es tomarles la decisión de bautismo, pastor. El inconveniente es que dentro de poco, semanas o meses, ellos dejarán de asistir". Sus ojos se pusieron cristalinos. En ese momento entendí que no se trataba simplemente de evitar herirme, sino que tenía un profundo dolor en su corazón. No quería sufrir una vez más la experiencia de pasar de la alegría de ver el crecimiento de su iglesia a la desesperanza por el abandono y la partida. Continuó:

"Es mejor esperar un poco de tiempo para ver si sus decisiones de servir a Dios están motivadas solo por la emoción". Luego se sentó. Miré los rostros que asentían de varios miembros de la congregación. Esa noche comprendí la necesidad de buscar una solución a este problema de crecimiento y deserción. Ellos sentían el valor de cada uno. Se esforzaban por ganarlos y querían que permaneciesen en la congregación. ¿Acaso yo podría pensar diferente?

Esta vivencia como una semilla echó raíces en mi corazón. Creció hasta que comprendí que si podía valorar a cada miembro como lo hizo Jesús, no solamente tendría personas que se añadirían y permanecerían, sino que podría movilizar a multitudes.

¿Lo puedes ver también? Crecer, permanecer, movilizar multitudes.

Con respecto a lo último, movilizar multitudes, no es el propósito del presente material tocar un tópico que fue expuesto en mi libro *Soñemos en grande: Un liderazgo que impacte*. Sin embargo, piensa en la huella que dejaba el ministerio de Cristo en las personas, cuando nadie era tan invisible como para que no lo llamara a bajar de un árbol, solicitarle agua, preguntar si una persona lo había tocado en medio de la multitud o sanar a un paralítico, que por muchos años esperaba que alguien lo viera y lo acercara al estanque en el momento justo. ¿Lo ves? Ningún líder puede dirigir multitudes, sin valorar a su base: ¡Uno! ¡No podemos tener 100 ovejas, si perdemos UNA!

Líderes que hacen crecer: comprenden la prioridad del cielo

Si la prioridad del cielo, según Jesús, es el cuidado de las ovejas, los pastores de todas las épocas han de aceptar el llamado para cumplir con fidelidad esta tarea. En este sentido, el anciano habrá de atender los siguientes aspectos prácticos del ministerio de cuidar la grey que Dios le ha dado.

¿Velas por los miembros bajo tu responsabilidad? Como líderes necesitamos entender que Él y solamente Él, es responsable del número de miembros que conforma su grey.[31] Además, cuando se habla de trabajo pastoral con relación a los miembros u "ovejas" del redil, la Escritura muestra que es fundamental que el pastor preste un *especial cuidado* por las ovejas o miembros con necesidades espirituales. ¡Ellos deben ocupar el centro del trabajo pastoral!

Al principio esto no resultaba muy claro para mí. Quizá porque no estaba muy inclinado a realizar la tarea o tenía muchos eventos que preparar y dirigir. De alguna manera, no estaba consciente de que esa era mi principal responsabilidad. Esa forma de ver las cosas comenzó a cambiar, tan solo cuando bauticé a 14 personas en aquella congregación que por más de 18 años no había podido ser organizada como iglesia. Ahora no podía ni quería perder a un solo miembro. Ese fue el inicio del crecimiento exponencial de un distrito conformado por congregaciones, que llegó a tener ocho en poco más de dos años. Sí, ¡dos años!

Estoy firmemente convencido de que Dios espera que su reino pueda crecer sin límites bajo la perspectiva de Dios: Él no está pensando en perder a ninguno. Puede ser que eso ocurra; pero no es su propósito. Jesús dijo: "Cuando estaba con ellos en el mundo, *yo los guardaba* en tu nombre; a los que me diste, *yo*

---

[31] Uno de los aspectos más importantes del trabajo pastoral es saber el número exacto de miembros que debemos de cuidar. Incluso, los verdaderos pastores conocen todo con relación a su rebaño, el promedio de edad, género, desafíos, trabajo, sueños, dirección y otros más. La lista es interminable. Pero es el trabajo del verdadero pastor el conocer cabalmente a su grey.

los guardé, y *ninguno* de ellos se perdió, *sino el hijo* de perdición, para que la Escritura se cumpliese" (Juan 17:12, énfasis añadido).

En este momento puede que te preguntes qué debes hacer para *guardar* o *pastorear* eficazmente a tu congregación. La respuesta a esta pregunta la encontré muy clara en el libro del profeta Ezequiel. El texto afirma:

> No *fortalecisteis* las débiles, ni *curasteis* la enferma; no *vendasteis* la perniquebrada, no *volvisteis al redil* la descarriada, ni *buscasteis* la perdida, sino que os habéis enseñoreado de ellas con dureza y con violencia. Y andan errantes por falta de pastor, y son presa de todas las fieras del campo, y se han dispersado. Anduvieron perdidas mis ovejas por todos los montes, y en todo collado alto; y en toda la faz de la tierra fueron esparcidas mis ovejas, y no hubo quien las buscase, ni quien preguntase por ellas (Ezequiel 34:4-6).

Creo que este texto es uno de los pasajes más poderosos para hacer referencia al trabajo del pastor. No obstante, su contenido no ha recibido toda la consideración necesaria en la formación de pastores, menos aún en la evaluación del trabajo ministerial.

Ahora, mi querido líder, lo que el pasaje mismo significa, es resaltado cuando se comprende el contexto de esa declaración. El pueblo de Israel no había escuchado a sus profetas. En vez de ello, sus reyes, sacerdotes, "profetas" y dirigentes, pastores o líderes de aquel tiempo, habían escogido llevar adelante sus propios planes para defender a la nación del ataque de los babilonios. El resultado fue el cautiverio. El profeta Ezequiel, ya durante el cautiverio, bajo la inspiración de Dios señala que el compromiso de sus líderes estaba en cuidarse a sí mismos, en lugar de cuidar al rebaño de Dios.

> Hijo de hombre, profetiza contra los pastores de Israel; profetiza, y di a los pastores: Así ha dicho Jehová el Señor: ¡Ay de los pastores de Israel, que se apacientan a sí mismos! ¿No apacientan los pastores a los rebaños? Coméis la grosura, y os vestís de la lana; la engordada

degolláis, *mas no apacentáis* a las ovejas (Ezequiel 34:2-3, énfasis añadido).

¿Cuál es el resultado que el profeta presenta por tal negligencia? "Anduvieron *perdidas* mis ovejas por todos los montes, y en todo collado alto; y en toda la faz de la tierra *fueron esparcidas* mis ovejas, y *no hubo quien las buscase, ni quien preguntase por ellas* (Ezequiel 34:6, énfasis añadido).

Estos textos nos permiten conocer en profundidad el sentir del corazón amante de Dios por su iglesia. Y es una clara evidencia de que la condición del pueblo es principalmente el resultado del accionar de sus dirigentes.

La respuesta de Dios a esta situación de su rebaño es muy clara y resalta la gravedad del actuar de los líderes por un lado y la fidelidad de Dios por el otro.

Por tanto, *pastores, oíd palabra de Jehová*: Vivo yo, ha dicho Jehová el Señor, que *por cuanto mi rebaño fue para ser robado*, y mis ovejas fueron para ser presa de todas las fieras del campo, *sin pastor*; ni mis pastores buscaron mis ovejas, *sino que los pastores se apacentaron a sí mismos, y no apacentaron mis ovejas*; por tanto, oh pastores, oíd palabra de Jehová. Así ha dicho Jehová el Señor: He aquí, yo estoy contra los pastores; y *demandaré mis ovejas de su mano, y les haré dejar de apacentar las ovejas; ni los pastores se apacentarán más a sí mismos, pues yo libraré mis ovejas de sus bocas, y no les serán más por comida*. Porque así ha dicho Jehová el Señor: He aquí yo, *yo mismo iré a buscar mis ovejas*, y las reconoceré. Como reconoce su rebaño el pastor el día que está en medio de sus ovejas esparcidas, así reconoceré mis ovejas, y *las libraré de todos los lugares en que fueron esparcidas* el día del nublado y de la oscuridad. Y yo las sacaré de los pueblos, y *las juntaré* de las tierras; las traeré *a su propia tierra*, y las apacentaré en los montes de Israel, por las riberas, y en todos los lugares habitados del país. *En buenos pastos las apacentaré*, y en los altos montes de Israel estará su aprisco; allí dormirán en buen redil, y en pastos suculentos serán apacentadas sobre los montes de Israel. Yo apacentaré mis ovejas, y yo les daré aprisco, dice Jehová el Señor. Yo buscaré la perdida, y haré volver al redil la descarriada; vendaré la perniquebrada, y fortaleceré la débil; más a la engordada y a la fuerte destruiré; las apacentaré con justicia (Ezequiel 34:7-16, énfasis añadido).}

¿No te parece que no es posible agregar nada más para entender la profundidad de las implicaciones de este mensaje para nosotros como dirigentes de este tiempo? Leer, pensar y escribir acerca de esta parte de la Escritura, siempre me conmueve el corazón. No puede dejar de evaluarme a mí mismo con respecto a la manera como cumplo la tarea de pastorear. Porque no se trata de agradar a los hombres, sino a Dios quien me tuvo por fiel al ponerme en este ministerio como lo diría el apóstol Pablo (1 Timoteo 1:12).

En consecuencia, el Espíritu Santo debe de tomar nuestro corazón y escudriñar hasta qué punto, según nuestra consciencia estamos cumpliendo con las expectativas de Dios para nuestra responsabilidad al frente de su rebaño. Toma tu tiempo. Y si es necesario arrodíllate y ora a Dios, como lo acabo de hacer yo.

Buscando pastores conforme al corazón de Dios

La ausencia de un liderazgo pastoral apropiado, que atienda la ruinosa condición de la grey, obliga a Dios a buscar pastores conforme a su corazón. Este fue el mensaje del profeta Jeremías, que estaba en Jerusalén, mientras que Ezequiel estaba en Babilonia (Jeremías 3:15).

No es el plan divino que su grey carezca de atención y cuidado pastoral. ¡Dios espera que ellos velen por la grey y su condición! Esta es la razón por la cual el pastor de las cien ovejas de la parábola de Cristo, al darse cuenta que le faltaba una oveja, concentró todo su esfuerzo en buscarla (Lucas 15:1-7). ¡Este es un pastor conforme al corazón de Dios!

¿Qué debe hacer el pastor del rebaño? Continuemos analizando el mensaje de Ezequiel a los pastores o líderes de aquel tiempo. El profeta hace referencia a ovejas *débiles, enfermas, perniquebradas, descarriada y perdidas.* Estos *cinco* tipos de condiciones de las ovejas, revela los diferentes niveles de necesidades físicas y

espirituales del rebaño. Cada una de ellas debe ser identificada y ministrada por los líderes de iglesia en unión con el pastor.

Fortalecer las ovejas débiles

En el primer caso, las ovejas débiles pueden estar física o espiritualmente disminuidas. Estas ovejas no pueden caminar largos trechos, permanecen sentadas y están siempre rezagadas durante el avance del rebaño. Podrías preguntarme: ¿Pastor, pero qué significa esta condición de debilidad en el rebaño de mi iglesia? Permíteme sugerir que este tipo de ovejas puede referirse a los miembros de iglesia que llegan tarde a la iglesia y *tienen poca participación* en los cultos y ministerios.

El pastor necesita fortalecer la fe de los miembros por medio el alimento de la Palabra de Dios. Además, se debe orar para que el Espíritu Santo afirme sus convicciones en el corazón y cumpla el querer como el hacer (Filipenses 2:13). Uno de los aspectos importantes será invitarlos a experimentar el Señorío de Cristo en el lugar santísimo. Dios como Rey y Señor de su vida necesita ser la experiencia más importante de su vida espiritual.

Curar a las ovejas enfermas

Las ovejas enfermas no pueden ni siquiera moverse. Ellas necesitan ayuda para hacerlo. Son como el paralítico que debió ser llevado por cuatro de sus amigos hasta la presencia de Cristo (Marcos 2:14-16). Sin ese gran esfuerzo, el enfermo jamás podría llegar a estar en la presencia de Jesús. Este tipo de ovejas puede representar a los miembros de la iglesia que *asisten poco a la iglesia*. Estos síntomas evidencian que ellos están enfermos. ¿Qué deben hacer los líderes de la iglesia local?

El propósito del pastor es que la enfermedad no destruya finalmente su oveja En el caso de una enfermedad física o espiritual, requiere que el líder ponga toda su atención hasta descubrir la causa real que conduce a la oveja a alejarse de Dios. El dirigente actúa como un médico que diagnostica lo que afecta la vida espiritual. La medicina debe salir de la Palabra de Dios y la fortaleza para aplicarla, de la oración.

En ese caso será importante invitarlo a experimentar la guía del Espíritu Santo revelado en el lugar santísimo. Es el poder de Dios que puede guiar a cada persona a entender los aspectos que necesitan atención. La promesa es que el Espíritu nos guiará a toda la verdad y nos convencerá de nuestra situación, mostrándonos el camino (Juan 16:8).

Vendar las ovejas perniquebradas

Estas ovejas caminan, pero no lo hacen muy bien. Cada paso es muy doloroso. La razón es porque ha sucedido algo que afecta su movilidad. El tiempo puede ayudar a solventar esta situación, sin embargo, pueden quedar afectadas para siempre a menos que sean atendidas apropiadamente.

¿Quiénes son las perniquebradas en nuestra congregación? La respuesta a esta pregunta pueden ser muchas; permíteme sugerir algunas. Estas ovejas *cometieron errores o sufrieron por las circunstancias externas,* tales como divorcios que son decisiones personales o en acciones de otros. En ambos casos están heridas en su experiencia espiritual, de tal manera que se les impide avanzar como antes lo hacían. Los pastores y ancianos deben cuidar a estas ovejas para evitar la enfermedad y la muerte de la oveja.

Estas ovejas deben ser invitadas a experimentar el perdón de Cristo manifestado en el altar de sacrificio. Las ovejas deben creer y experimentar las vendas de la sangre de Cristo en sus vidas, de modo que sus errores o equivocaciones quedarán cubiertos con Sus vestiduras de justicia (Isaías 61:10). El arrepentimiento y la fe son el camino de la restitución.

Traer de regreso a las ovejas descarriadas

Las ovejas descarriadas no están con el rebaño, sino alejados del mismo. Estas ovejas representan a los que *se han alejado de la iglesia,* pero sus nombres están todavía en los libros de la iglesia.

Estar alejados de la iglesia no significa fuera de la iglesia. Para estas ovejas, los líderes han de invitarlas a recordar su pacto con Dios en el lavacro del agua. Es importante que puedan tener la oportunidad de renovar su relación con Dios, aceptando los méritos de la gracia de Cristo en sus vidas. Además, aceptando que el que comenzó la buena obra, la terminará (Filipenses 1:6). ¡Qué gran promesa!

Buscar las ovejas perdidas

Al terminar el día, no sabemos en dónde están estas ovejas. El rebaño ha sido contado y reunido en el redil, y el paradero de aquellas ovejas es desconocido. Podríamos ver en estas ovejas a quienes *su nombre ya no aparece como miembros de iglesia.* Resulta llamativo que Dios todavía continúe buscando y esperando que los pastores de su rebaño persistan manteniendo en la mente a las ovejas que son consideradas "perdidas". Aún más, los pastores conforme al corazón de Dios son invitados a tratar de cambiar la condición de estas ovejas, ovejas que están en un estado del que parece no haber recuperación.

A estas ovejas, Dios no las fortalece, las sana, venda, trae de regreso al redil, sino solamente las busca. La obra en el corazón es de Dios, pero el trabajo del pastor es de asegurarse que ellos sepan que estamos allí para ellos. Esta imagen me recuerda lo que Dios hizo con nuestros primeros padres. Adán y Eva se escondieron, pero Dios los buscó, no para avergonzarlos, sino para apoyarlos y bendecirlos con vestiduras que cubrieran su desnudez.

El Señor Jesús vino a buscar los suyos para bendecirlos. No para condenar, sino para salvar. Y esta acción de estar allí para los que por sus decisiones ya "no son parte", es lo que marcará un ministerio conforme al corazón de Dios. Jesús dijo:

Para que seáis hijos de vuestro Padre que está en los cielos, que hace salir su sol sobre malos y buenos, y que hace llover sobre justos e injustos. Porque si amáis a los que os aman, ¿qué recompensa tendréis? ¿No hacen también lo mismo los publicanos? Y si saludáis a vuestros hermanos solamente, ¿qué hacéis de más? ¿No hacen también así los gentiles? Sed, pues, vosotros perfectos, como vuestro Padre que está en los cielos es perfecto (Mateo 5:45-48).

La salvación es un hecho completo y además, un proceso permanente.[32] De esto es lo que Pablo habló cuando dijo que el que comenzó la obra, la terminará (Filipenses 1:6). Es por ello que los líderes deben comprender que el bautismo no es el fin de la obra encomendada por Dios, sino el inicio de la tarea.

El mismo Jesús dio ejemplo de cómo el líder debe involucrarse y cómo hacer esta tarea de perfeccionamiento de los santos. En el libro *Un liderazgo que transforma* se presentó cómo Cristo realizó este discipulado. Es necesario que comprendamos lo que significa la gracia transformadora en nuestra vida mediante la obra del Espíritu Santo.

Es por medio del trabajo del poder del Espíritu Santo que todo cristiano podrá alcanzar la estatura de Cristo. Jesús pensó en un crecimiento por medio del discipulado, cuando afirmó en la gran comisión: "Enseñándoles que guarden todas estas cosas que os he mandado" (Mateo 28:30). Tal es la meta y la tarea del líder al pastorear la grey conforme al modelo de Cristo y el corazón de Dios.

El valor de uno, como prioridad para el líder cristiano

Cuando como líder tienes un sincero deseo de conocer los secretos del crecimiento en tu congregación, es indispensable que puedas aplicar en tu liderazgo y el de quienes te acompañan, el valor de una persona. Jesús mismo expresó con contundencia el poder de esta verdad en el ejercicio de su ministerio

---

[32] De esto hace referencia la Biblia; lo llama justificación y santificación.

cuando declaró: "Ninguno se perdió". El maestro tenía como propósito principal la salvación de todos los que estaban para su responsabilidad. ¿Acaso podría ser diferentes para nosotros?

Por otra parte, estoy convencido de que, como en el caso de la parábola, nunca alcanzaremos a tener las 100 ovejas si no valoramos a cada UNA, y dedicamos todo nuestro esfuerzo para encontrar la UNA perdida. Y si vamos hasta las últimas consecuencias de este pensamiento, tampoco podremos crecer a 101, 102 y más ovejas, sin considerar el valor de cada una. ¿Lo ves?

Cuando estoy compartiendo este seminario no dejo de enfatizar cómo Jeremías, quien fue contemporáneo de Ezequiel, hace la pregunta más importante al liderazgo que en su época había desoído la amonestación de Dios y había sido negligente en el cumplimiento de la tarea de proteger al pueblo. El interrogante continua vigente y es aún hoy más relevante. Cómo responderemos hoy a nuestra responsabilidad como líderes: ¿Dónde está la grey que te di?

Permíteme explicar esto de manera práctica. La pregunta inquiere: ¿Dónde están los que se unieron a tu congregación hace cinco años, el año pasado o este año? ¿Dónde están los jóvenes, niños o adultos que un día fueron bautizados? ¿Podemos responder esta pregunta? Y la más importante: ¿Ocupa esta pregunta el lugar principal en la evaluación del accionar estratégico de nuestra iglesia y del liderazgo? En otras palabras, los departamentos y las actividades que se desarrollan, ¿están alineadas a buscar la respuesta de esa pregunta con limpia conciencia? Como Cristo aseguró: "Ninguno de los que me diste se perdió".

Les confieso que esta pregunta me estremece. Cada vez que reflexiono sobre ella me hago la pregunta en términos de mi familia, mi iglesia y los líderes que están bajo mi responsabilidad. Es abrumadora la responsabilidad, porque no se trata de respondernos solo a nosotros mismos, a nuestros pares o la organización, sino al mismo Dios que nos ENTREGÓ la grey para ser cuidada.

¿Qué debemos hacer?

Elena de White afirmó: "El *interés personal* y el *esfuerzo vigilante e individual realizarán más* por la causa de Cristo que lo que puede lograrse por los sermones o los credos.[33] Esta declaración pone el foco en lo que debe ocupar nuestra atención: ¡La persona! ¡El uno! ¡El individuo! Tal esfuerzo será más recompensado que el trabajo regular de predicación o enseñanza: interés personal, esfuerzo individual.

En otras palabras, la estrategia necesaria para hacer realidad este objetivo requeriría que esa estrategia organizativa estuviera centrada en el individuo, con el objetivo de aplicar lo que ya había dicho Salomón: "Sé diligente en conocer el *estado de tus ovejas* y mira con cuidado por tus rebaños" (Proverbios 27:23, énfasis añadido).

Como ya he comentado, uno de mis distritos había sido durante 18 años conformado por congregaciones que tenían solo estatus de grupo. La razón era que quienes habían sido bautizados, posteriormente abandonaban la congregación. Por tal motivo, al bautizar las primeras 14 personas al cierre de mi campaña, estaba decidido a cuidar de estos nuevos miembros como si fueran mi más grande tesoro. Para que la iglesia creciera, ellos debían permanecer.

Un sábado por la mañana, parte de mi rutina normal era corroborar que estuvieran todos los que se habían bautizado, y "contar el rebaño". Ese día le pedí a alguien que lo hiciera por mí, mientas me preparaba para el culto de adoración. Antes de comenzar el culto llegó el reporte: Falta una pareja. Como en ese tiempo no había celulares y no sabía qué les había pasado, le dije al primer anciano que me tendrían que esperar para comenzar el culto hasta que volviera, porque iba a visitar a esos miembros a su casa.

El primer anciano se sorprendió que ajustara la hora de la predicación por ir a visitar una oveja. En su caso, la prioridad era el evento. Para mí (esa vez de

---

[33] *Review and Herald*, 6 septiembre 1881, énfasis añadido.

manera extrema quizás), la prioridad eran las ovejas. ¿Cómo podía predicar sin saber que había sucedido? Además quería que ellos aprendieran la lección de velar por el rebaño. ¡Era un pastor de la grey!

No podré olvidar ese día. Un hermano me llevó y pude ministrar a una familia que necesitaba afecto, ánimo y orientación para seguir madurando. Pero sobre todo, apreciaron saber que su pastor estaba interesado en ellos tanto como para venir a visitarlos y orar por ellos antes de ir a predicar. Ese esfuerzo y otros más valieron la pena. Más de treinta años han pasado y esos hermanos son fieles líderes en una congregación que llegó a ser próspera y de gran bendición.

Creo firmemente que esa vivencia podría representar bien el significado de: interés personal y esfuerzo individual.

Interés personal y esfuerzo individual

¿Cómo es posible mostrar interés personal y esfuerzo individual a cada uno de los miembros de la iglesia? Después de entender todo lo que significa este ministerio es importante conocer la manera como implementarlo. Estoy seguro que piensas en todas las responsabilidades que atiendes y en las pocas personas comprometidas para lograrlo. Y si los miembros aumentan, ¿cómo es posible continuar con el mismo propósito y eficiencia?

Cada una de estas preguntas tuvieron respuesta cuando comprendí el método que Jetro le enseñó a Moisés: ¡Divide la congregación y asigna personas responsables de ellos! (Éxodo 18:1-25). Se trataba de crear una estructura que estuviese enfocada en las personas.

La aplicación de este principio en todos los niveles y muy en especial como presidente de una unión con más de 800 congregaciones y 100.000 miembros, causó un impacto nunca antes visto. En el libro *Soñemos en grande: Un liderazgo que impacte* podrá encontrar los detalles de la manera como Dios permitió bautizar el número más grande de bautismos de la División Interamericana en un territorio y establecer 100 congregaciones en un año en la tercera ciudad más populosa de la División Interamericana.[34]

Cuando hablamos de aplicar la organización de Moisés, necesitamos mencionar lo siguiente:

1. Asignar un *líder de grupo* por cada 10 miembros.
2. Responsabilizar a *un anciano de iglesia* de 15 hasta 50 miembros, según el territorio y la experiencia del anciano.
3. A cada anciano se le asignarán uno o dos *diáconos y diaconisas*. Cuando el anciano sea responsable de más de 30 miembros, trabajará con dos diáconos y dos diaconisas para cuidar pastoralmente a esa hermandad.

La organización de la iglesia de esta manera permitirá:

- Continuar *atendiendo con eficiencia* a CADA UNO de los miembros de la congregación.
- Dirigir e *impactar* MULTITUDES.
- *Alcanzar* las *metas* con EFECTIVIDAD.
- *Evitar* el AGOTAMIENTO de los líderes.

Los líderes responsables de cada uno de los miembros cumplirán su trabajo pastoral a los miembros de la siguiente manera:

1. Realizar una visita mensual para conocer la situación en la cual se encuentra espiritual, física y emocionalmente. Todos los miembros bajo su cuidado deberían recibir una visita cada mes.
2. Aprovechar todas las oportunidades para orar con los miembros por sus desafíos y que Dios pueda fortalecer su fe y se manifieste en su vida.

---

[34] La División Interamericana es una organización que atiende 42 países desde México hasta Colombia y Guyana.

3. Apoyar y suplir las necesidades de alimento si las hay, y también las necesidades espirituales.
4. Realizar reuniones de oración *por* los miembros junto con los líderes de grupos pequeños, diáconos y diaconisas y otros ancianos de iglesia.
5. Participar de reuniones semanales o quincenales con el fin de orar e informar la situación del rebaño y el trabajo realizado.

Amenazas y obstáculos

La implementación del plan pastoral de cuidado de los miembros no es automático ni carece de desafíos. Muy por el contrario. El enfoque de las iglesias centrado en el programa en lugar del miembro, plantea un camino sinuoso y empinado para el cambio deseado. La implementación requiere un verdadero cambio de paradigma de los dirigentes y un compromiso incuestionable con la cosmovisión bíblica.

Los obstáculos que mencionaré no son únicos, pero representan los más comunes. Además, existen también varias formas de abordarlos. En este caso mostraré algunos de los que podrían significar las alternativas más eficaces.

1. Muchos eventos que requieren nuestra atención.

Este obstáculo está en el marco de la cultura organizacional y representa el más grande desafío para la implementación del programa de cuidado pastoral bíblico. La razón es muy sencilla: las culturas organizativas se comen las buenas estrategias. En este sentido, si no se puede modificar la abundancia de eventos, será necesario al principio añadir una nueva acción cultural en el escenario eclesiástico. ¿De qué hablo? Para que el cambio se pueda implementar con éxito es necesario que se tome en cuenta ese aspecto (el exceso de eventos) como parte de la evaluación. En consecuencia, se reforzará la nueva identidad y cosmovisión de la congregación, y se dará ¡un cambio de cultura!

En el capítulo cuatro mostraremos cómo es posible reducir o simplificar el número de eventos para dar más espacio a una iglesia y liderazgo más personal y menos de formas. Para que exista una posibilidad de implementación, entonces sumaremos otras acciones más, que serán enfatizada por medio de la evaluación.

71

2. Tomar tiempo para preparar líderes y lanzar el plan.

Este obstáculo está relacionado con el anterior, el uso del tiempo en la congregación. En este caso, será necesario que los líderes decidan qué es lo importante para su ministerio. Se darán cuenta de que la respuesta involucrará un sacrificio. Se requerirá el esfuerzo de separar el tiempo para la realización de unos seminarios de formación. Así como la evaluación es indispensable para el cambio de cultura organizacional, la formación lo es para la transformación de un paradigma de liderazgo e iglesia.

3. Preferir hacer lo que siempre se ha hecho.

Este obstáculo está relacionado más con el carácter de los líderes y la ausencia de compromiso de los miembros de la iglesia. Detrás de esta situación se puede hallar una ausencia de profundidad espiritual y entrega a Dios. La respuesta, para este caso, es profundizar en el entendimiento que el camino del cambio, el éxito o la bendición de Dios está presentado en la Escritura como un camino angosto y de negación a nosotros mismos. Jesús explicó con claridad que la negación trae consigo la "poda" de nuestros deseos para llevar fruto. En resumen, es importante llevar a reflexionar a los líderes y a los miembros en relación con su disposición de obedecer a Dios: ¿Cuán comprometidos estamos? Este tipo de situación solamente puede cambiar con oración, estudio de la Palabra en semanas de oración y retiros que inviten a re-consagrarse a Dios.

4. Duda, temor e incertidumbre.

Este obstáculo está muy relacionado con el segundo. Puede incluso ser la causa más profunda del mismo. En este caso, no se desea empeorar la condición en que se encuentra la congregación al enfatizar algo que podría llevarla a no ser tan productiva. Estoy convencido de que la única respuesta a este problema interno del corazón del líder es la ausencia de la fe. Y la única respuesta es repasar todos y cada uno de los textos que hemos presentado. Recuerda que la fe viene por el oír la Palabra de Dios. Para vencer el temor o la duda es importante recordar que lo que hacemos es por obediencia a la Palabra de Dios.

5. *¿Si otros no lo hacen, por qué yo lo voy a hacer?*

Los grandes reavivamientos ocurrieron cuando algunos hombres o mujeres bajo la convicción de Dios, estuvieron dispuestos a ser fieles a su conciencia. En ese caso, las preguntas más importantes ante las pretendidas respuestas de este dilema son: ¿Deseo agradar a Dios? ¿Por qué no yo? ¿Está en contra de algún principio bíblico o práctica de la iglesia? Estoy convencido de que solo hombres y mujeres con el espíritu de Lutero, sostenido en la Palabra y guiado por su conciencia, guiarán a la iglesia a otro nivel en su experiencia con Dios. ¿Estás de acuerdo conmigo? Si el Espíritu de Dios te ha convencido en tu corazón, te invito a dar el siguiente paso. Dios estará contigo. ¡Lo creo!

Evaluación

Para el cierre de este capítulo te presento una evaluación de la aplicación de este principio en tu ministerio y congregación.

Evaluación de la iglesia y líderes en la implementación del plan del crecimiento.

1. ¿Han sido formados los líderes acerca de un ministerio conforme al corazón de Dios?   Sí__ No__
2. ¿La lista de miembros de la iglesia está actualizada?   Sí__ No__
3. Los ancianos, diáconos, diaconisas, líderes de grupos pequeños y departamentos ¿han recibido la lista de los miembros bajo su responsabilidad?   Sí__ No__
4. ¿Los líderes están visitando, orando y atendiendo las necesidades de sus líderes mensualmente?   Sí__ No__
5. ¿Se realiza la reunión de oración, formación, evaluación, planificación y reconocimiento semanal o quincenal con los ancianos para recibir los reportes de la condición de los miembros?   Sí__ No__
6. ¿Se evalúa mensualmente en la junta de iglesia y otras reuniones el crecimiento de miembros activos en la congregación?   Sí__ No__
7. ¿Existe un presupuesto de iglesia y de los grupos pequeños para la atención de las necesidades de los miembros?   Sí__ No__

¿Cuál es el siguiente paso para ver la obra de Dios en tu ministerio? Te invito a leer con oración y detenimiento el siguiente capítulo. Toma todo el tiempo que sea necesario para reflexionar, mientras que ya estas aplicando los principios ya aprendidos. Además, te invito a comenzar ahora mismo un plan de capacitación con tus dirigentes usando este material. ¡Es hora de que compartas lo que Dios ha hecho por ti, ¡y actúes con fe! En el siguiente capítulo comprenderás mejor la razón de dar este paso.

4

El escenario de lucha: EL SECRETO DE LA VICTORIA

Su pregunta era sincera: ¿Cómo es posible que podamos construir todo un complejo de centro de vida sana? Uno de los miembros de esa junta de la iglesia a nivel nacional, expresó su sincera preocupación. Yo también tenía la misma interrogante. En un país con limitaciones de recursos y materiales era una utopía, un sueño, un imposible.

Conducir una iglesia en un lugar donde el salario de un pastor apenas alcanzaba el equivalente a unos veinte dólares, y donde se carecía de elementos básicos como cemento, hierro, lijas, gasolina y repuestos de transporte, parecía una lucha entre la visión y la realidad. La inflación anual del 200% anual y la escasez de alimentos y también de medicinas añadían otros grandes desafíos. El proyecto era una ilusión, una locura. ¿Cómo podríamos alcanzar esa meta cuando, incluso veinticinco años atrás, ni siquiera se había logrado conseguir el terreno adecuado para la construcción?

Quizás el lector no sepa lo que es coordinar las acciones de una iglesia a nivel nacional, rodeado de circunstancias financieras, sociales, políticas y misioneras desfavorables es un desafío monumental. Ser líder, en cualquier lugar representa un reto por sí mismo, pero en ese lugar, podía significar un riesgo.[35] Incluso varias veces debí representar a la iglesia en reuniones del más alto nivel,

---

[35] Existen muchas situaciones o experiencias que requieren de un prudente silencio por el bien de la iglesia. Tal vez en algún momento será parte de la historia.

donde se me exigía dar respuestas al accionar de algún miembro o de alguna congregación en especial.

En ese contexto, se encuentra la oportunidad de experimentar la verdadera dependencia de Dios y la manifestación de su poder en situaciones aparentemente imposibles.

No obstante, en medio de esas circunstancias, estábamos planificando establecer una organización que incluía más de seiscientas congregaciones y noventa mil miembros; establecer un canal de televisión nacional; construir cien templos; y mejorar la infraestructura de varios colegios y lugares de campamentos para jóvenes. Además, realizar un programa anual de servicio comunitario con el apoyo de las televisoras y radios nacionales, y la participación de más de diez mil voluntarios en una semana. ¿Cómo es posible pensar en todo eso en estas circunstancias? Y, además, cuidar a cada miembro, cuando muchos luchaban por sobrevivir cada día con su escasa pitanza.

Los líderes sí estábamos muy claros que lo que debíamos hacer no dependía solo de un análisis de nuestras fortalezas, oportunidades, debilidades y amenazas (llamado FODA). Si tuviéramos en cuenta solo cada una de estas guías para una evaluación y la realización de nuestro plan estratégico, nunca (y deseo enfatizar NUNCA) hubiésemos tomado estas decisiones en la junta de ese fin de año.

Se avanzó con las decisiones que se tomaron porque Dios, por medio de su Espíritu Santo, nos había convencido de este propósito y nos había asegurado la victoria. Esta era la razón que motivaba e inspiraba este actuar que cruzaba las fronteras de las posibilidades humanas. No era la primera vez que Dios nos había impuesto una carga. Tampoco sería la última. Nuestro desafío era entender y aplicar el secreto para ver el reino de Dios bendecir a su pueblo.

La iglesia, un bastión del reino de Dios

Estoy convenido que Dios llamó a su iglesia a ser la luz del mundo. Pero muchas veces los obstáculos que nos rodean podrían limitar la manifestación de la gloria divina en nuestro ministerio. ¿Puede esto cambiar? ¡Claro que sí! Y después de ver todo lo que el Todopoderoso ha hecho y hace, comprendo que, si esperamos ciertamente ver el poder del reino de Dios en nuestras iglesias, será necesario que las congregaciones recuperen su sentido bíblico sobre la razón por la cual fueron fundadas.

La Escritura presenta con claridad las diferentes expresiones y metáforas para tratar de explicar lo que significa espiritualmente: la unión de dos o tres creyentes que han sido llamados por Dios en una *ekklesía*[36] o iglesia. El apóstol Pablo se refiere a la iglesia como "el cuerpo de Cristo" (1 Corintios 12:27-28); el "templo del Señor" (Efesios 2:21); la "gloria del Señor" (2 Corintios 3:18, Efesios 1:12, 3:21); la "familia de Dios" (Efesios 2:19); la "sabiduría de Dios" (Efesios 3:10) y la "plenitud de Dios".

Estas imágenes y significados ofrecen un entendimiento ampliado de lo que Dios quería que fuera la iglesia y de su accionar en el mundo. Todo esto sin considerar las expresiones de Cristo al hablar de sus seguidores como la sal de la tierra y *la luz* del mundo (Mateo 5:13-16).

Estas expresiones relacionadas con la iglesia, nos presentan una visión referida a *la presencia de Dios y su reino* en la comunidad de creyentes. Tal autoridad divina y manifestación celestial está muy claramente reflejada en las palabras de Cristo: "Y a ti te *daré las llaves del reino* de los cielos; y todo *lo que atares en la tierra será atado en los cielos; y todo lo que desatares en la tierra será desatado en los cielos*" (Mateo 16:19, énfasis añadido). Cuando leo este texto veo más allá de las llaves del conocimiento, la verdad (Lucas 11:52); prohibir o permitir (Mateo 18:18); sino de la autoridad delegada (Isaías 22.22) para interceder en Cristo (Efesios 2:5-6) delante de Dios (Mateo 18:18, 20, 21:22, Juan 14:13, 1 Pedro 2:9-10; Apocalipsis 1:6-8, 5:10). Te invito a analizar estos textos con oración y detenimiento.

---

[36] *Ekklesia* es una palabra griega que significa "asamblea pública o reunión de personas de un pueblo en sentido religioso, político o informal". John D. Barry y otros, *Faithlife Study Bible* (Bellingham, WA: Lexham Press, 2016).

Sin embargo, la iglesia ha ajustado en su entendimiento y accionar a través del transcurso de los años en la comprensión de su responsabilidad. Su poder, presencia e influencia se han visto disminuidos y lo que en el Nuevo Testamento se manifestaba como una fuerza avasalladora que llegó a trastornar reinos e imperios, hoy parece fuera de moda y un grupo de ceremonias sin poder. ¿Dónde existe el fuego? ¿Dónde queda el poder? ¿Dónde reside la sabiduría y la plenitud de Dios en la congregación?

¿Cuál será la causa? Hace un tiempo leí un artículo que, basado en las cinco etapas de David Moberg, especialista en la sociología de la religión, sostenía que la iglesia perdía fuerza cuando como organización se estaba atravesando el cuarto período de la institucionalización.[37]

Estas etapas registran un crecimiento, desarrollo, envejecimiento y muerte. ¿Por qué? La desintegración es el siguiente paso al sobre-institucionalismo, donde se está sujeto al formalismo, la burocracia y la búsqueda de sus intereses por parte de los diferentes grupos. El conflicto con el mundo es reemplazado por la tolerancia y la conformidad social. Se pierde la confianza en el liderazgo porque las necesidades no son satisfechas (esto último debería ser motivo de más estudio y análisis).

La pregunta entonces es: ¿Cómo se puede evitar que se pierda el sentido profético y divino de la iglesia? ¿Cómo reavivar su poder, legado y espíritu?

Cristo describió a la iglesia de Sardis: "Tienes nombre de que vives, pero *estás muerto*" (Apocalipsis 3:1, énfasis añadido), y a la iglesia de Laodicea: "Tú dices: 'Soy rico; me he enriquecido y no tengo ninguna necesidad', y no sabes *que tú eres* desgraciado, miserable, pobre, ciego y desnudo" (Apocalipsis 3:17, énfasis añadido). Ambos textos muestran que Dios sostiene que la apariencia de la congregación es diferente a la realidad, la forma a la sustancia. Esta es la razón por la que la manifestación del reino de Dios en las congregaciones está ausente.

---

[37] Las cinco etapas son: Incipiente organización, Organización formal, Máxima eficiencia, Institucionalización y Desintegración.

La pregunta entonces que nos debemos hacer es: ¿Cómo hacer que la iglesia regrese a ser lo que fue al principio, cuando en su sencillez hicieron temblar imperios? Resulta solemne dedicar tiempo a reflexionar sobre estos pensamientos. Sí. En especial los líderes que Dios ha llamado y responsabilizado de su iglesia en estos tiempos. ¿Cómo puede la iglesia ser el centro de la manifestación del reino de Dios en la tierra?

Esta pregunta no es sencilla de responder. Incluso tomaría mucho tiempo considerar todos los aspectos implicados. Pero permítanme enumerar lo que como líderes necesitamos atender para hacer crecer el reino de Dios en nuestras congregaciones.

¿Vivirán?

"Y me dijo: Hijo de hombre, ¿vivirán estos huesos? Y dije: Señor Jehová, tú lo sabes" (Ezequiel 37:3). La realidad que estás viviendo en tu congregación no es más grande que lo que Dios puede hacer en ella. Muchos líderes suponen que la condición de sus congregaciones es irrecuperable. Pueden ser como huesos secos. Sin embargo, lo que pienses no es lo que pasará sino, como lo presenta el profeta, ¡lo que Dios sabe!

Este es un concepto que debe estar muy claro en la mente de la iglesia y en los líderes que esperan ver una resurrección o reavivamiento de sus congregaciones. La vida o la muerte solo están en las manos de Dios.

1. Evita hablar de los problemas de la iglesia como una situación imposible de cambiar (Ezequiel 37:3).
2. Cree que el poder de Dios para cambiar cualquier situación en cualquier congregación (Mateo 19:26).
3. Dios obrará conforme a tu fe: "Conforme a la fe de ustedes les sea hecho" (Mateo 9:29).
4. Limpia tu corazón de los intereses engañosos que destruyen tu fe y limitan tu accionar para cumplir a plenitud del propósito de tu liderazgo. No protejas tu interés, reputación o posición. Son motivaciones que

por lo general no están alineadas con la misión y nos vuelve tímidos, lentos o reacios para enfrentar los problemas y desafíos (Jeremías 17:9).

La iglesia victoriosa

La única forma de reavivar la iglesia es reestablecerla sobre los principios originales que permitieron la manifestación del Espíritu Santo. Permítanme tomarme más tiempo para tratar este aspecto que es el objetivo de este capítulo. No se trataba solo de lo que hacían sino de lo que creían. Lo que hacían estaba afirmado en sus creencias. ¿Cuáles?

Estaban en otra esfera de lucha

La iglesia primitiva tenía otra esfera de lucha. Ellos creían en el escenario de batalla sobrenatural donde debían enfrentarse a Satanás, el "príncipe de la potestad del aire, el espíritu que ahora actúa en los hijos de desobediencia" (Efesios 2:2).

Pablo afirmó en la misma carta a los Efesios: "Porque no tenemos lucha contra sangre y carne, sino contra principados, contra potestades, contra los gobernadores de las tinieblas de este siglo, *contra huestes espirituales de maldad* en las regiones celestes" (Efesios 6:12, énfasis añadido). Por un lado, cuando Pablo habla de carne y sangre, sin lugar a duda se refiere a un ser humano (Mateo 16:17; Gálatas 1:16). Por otro lado, cuando se refiere a huestes espirituales de maldad no cabe duda que se trata de las potestades o poderes de las tinieblas (Colosenses 1:13), que representan al príncipe de este mundo (Juan 12:31), el diablo y sus ángeles (1 Juan 5:19, Efesios 4:27, 2 Corintios 2:11, Santiago 4:7).

Pedro por su parte afirmó: "Sed sobrios, y velad; porque vuestro adversario el diablo, como león rugiente, anda alrededor buscando a quien devorar" (1 Pedro 5:8). En estos versículos podemos ver claramente la comprensión que la iglesia primitiva tenía con relación a su verdadero enemigo y la esfera donde debían enfrentar estas batallas.

Imaginen por un momento que significó para ellos no tener lugares propios de reunión, ser considerados una secta, carecer de recursos financieros para sostenerse y ser perseguidos por los judíos y el gobierno romano. ¿Existían posibilidades siquiera de sobrevivir? Ninguna. No obstante, pese a todos esos obstáculos, ellos avanzaron de manera victoriosa. ¿Por qué? ¿Acaso tendría que ver con lo que estamos hablando? ¿Qué piensas? Hoy tenemos recursos, en la mayoría de los países no somos perseguidos y poseemos lugares de reunión. Incluso muchos de los miembros tienen posiciones en los gobiernos, pero hoy las iglesias sufren en algunos lugares la amenaza de desaparecer si continúa con el mismo porcentaje de crecimiento.

A lo largo de los siglos, ese mismo espíritu permaneció en la iglesia verdadera. No contaban con grandes templos ni recursos, pero sobrevivieron *por fe*. Aun en los lugares más recónditos. Por el contrario, hoy sin persecuciones y con abundancia de recursos, la verdad parece irrelevante.

Se ha perdido el sentido protestante de Lutero, que tomó de la carta a los Romanos y sostuvo que "el justo vivirá por su fe" (Romanos 1:17). Y el mismo Pablo nos habla de una "batalla de la fe" (1 Timoteo 6:12). En otras palabras, no era una ofensiva de estrategias o recursos humanos sino de la fe en Dios y de su reino en Cristo (Efesios 1:20-22; Colosenses 1:13, 2:10).

Pregúntate por un momento si lo que hoy tiene la iglesia se ha convertido en un obstáculo, una debilidad en lugar de ser una fortaleza, *como se supone que debería ser*. Lo que estoy diciendo no es que sea malo, en tanto no nos haga perder el enfoque correcto de nuestra fuente real de poder.

¿Será que la iglesia cambió la esfera de su lucha? ¿Desecharon su confianza en Dios por escoger lo que ellos podían lograr con sus propias fuerzas? Fue el profeta Jeremías quien usó una de las metáforas más poderosas para hablar de esta realidad: "Porque dos males han hecho mi pueblo: me dejaron a mí, fuente de agua viva, y cavaron para sí cisternas, *cisternas rotas* que no retienen agua" (Jeremías 2:13, énfasis añadido).

Las "cisternas" en este versículo se refieren a aquellos depósitos subterráneos que los israelitas solían cavar en sus casas con el objetivo de acumular el agua de la lluvia. Las cisternas y los pozos eran de suma importancia para los moradores de Palestina. Solían llenarse cuando el agua de lluvia se deslizaba por los canales del techo directamente a la cisterna. Su construcción era clave ya que, si no estaba bien sellada, el agua se escapaba. Obviamente, existe un contraste entre el agua de pozo y la de una cisterna.[38]

En el caso de la iglesia primitiva no había sucedido así. Ellos comprendían que la batalla principal no era entre ellos o contra el imperio Romano, sino contra los principados de las tinieblas que están en lucha intentando destruir la fe de la iglesia. Sabían que el único recurso que tenían era Dios, su poder y reino.

Es muy triste que la iglesia actual en no pocos casos haya olvidado esta realidad y esté luchando por ganar conversos o ser felices en el matrimonio, buscando cómo los miembros sean más comprometidos, sin vencer primero el verdadero enemigo espiritual que están enfrentando en sus corazones.

Las esferas de conocimiento como la gerencia, el liderazgo, la sicología, la sociología, la física y la neurología, entre otras, pueden ayudar mucho. Pero no resuelven el problema de raíz. Se trata de un problema espiritual que tiene su más íntima solución en lo que Cristo hizo por nosotros en la cruz del Calvario, cuando tomó el acta que nos era contraria y la clavó en la cruz (Colosenses 2:14-17). Es esta verdad la que ofrece liberación y salvación. Es lo que constituye las buenas nuevas del evangelio. No necesitamos evaluar las cosas según la carne sino en el espíritu.

Jesús entendió esta realidad cuando le dijo a Pedro: "Apártate delante de mí, Satanás" (Mateo 16:23). Podemos ver lo que sucedió. Jesucristo entendía que no estaba enfrentando a Pedro y su idea, sino al mismo Satanás, quien intentaba *disimuladamente* disuadirlo de cumplir su misión. El mismo apóstol Juan

---

[38] https://www.mundobiblicoelestudiodesupalabra.com/2016/02/cisternas-rotas.html.

escribió que debemos probar a los espíritus para saber si ellos son de Dios (1 Juan 4:6).

Sé que en este momento reflexionas concienzudamente con relación a esta realidad en tu vida. Te preguntas si no será ésta la razón por la que en tu vida *no puedes* vencer en esta lucha y, además, tampoco ver a tu iglesia recibiendo la gracia de Dios.

Necesitamos creer. Sé lo que es sentirse impotente frente a desafíos y pruebas delante de los que no puedes hacer absolutamente nada. ¡Créelo!, fue en esos momentos cuando comprendí que todos mis estudios, experiencia o posición eran simples cisternas vacías. Reconocer esta realidad transformó el dolor en esperanza. Porque no hay nada más difícil que ver cómo el mundo se cae a pedazos a tu alrededor y no tener un camino, una solución, respuesta. Entonces *comprendes cuál es la fuente de agua viva para tu vida.*

¿Cómo pelearemos esta lucha espiritual?

Jesús presentó con claridad cuál es el secreto de su victoria: "No hablaré mucho más con vosotros, porque viene el príncipe de este mundo, y él no tiene nada en mí" (Juan 14:30). Esta declaración no la había entendido con claridad. Al principio solo la comprendía desde una experiencia exclusiva de Jesús. Pero, luego de pensar detenidamente en esto, pude descubrir por qué Satanás no pudo vencer a Cristo. La respuesta está en el texto: "él no tiene nada en mí". La respuesta es que Satanás no tenía dónde o cómo engañar al Salvador. ¿Qué significa esto? Que podemos ser vencidos por Satanás cuando no hemos confesado nuestros pecados. En otras palabras, el poder de Satanás es vencido cuando somos libres del pecado.

Querido lector, la victoria sobrenatural sobre las fuerzas espirituales comienza cuando estamos libres y perdonados en Cristo. (Tómate tiempo para reflexionar en este concepto, que fue presentado en el capítulo 2.) Tal es la razón por la que Apocalipsis describe al remanente como los que han vencido en esta batalla espiritual, cuando afirma: "Y ellos lo han vencido por causa de la sangre del Cordero y de la palabra del testimonio de ellos" (Apocalipsis 12:11). Esta experiencia de victoria era lo que Cristo y los apóstoles definían como "estar en Cristo" quien tenía la autoridad y el reino de Dios (Apocalipsis 12:10).

Los que están en Cristo pueden experimentar la promesa de Cristo: "Si permanecéis en mí, y mis palabras permanecen en vosotros, pedid todo lo que queréis, y os será hecho" (Juan 15:7). "Y todo lo que pidiereis al Padre en mi nombre, lo haré, para que el Padre sea glorificado en el Hijo. Si algo pidiereis en mi nombre, yo lo haré" (Juan 14:13-14). A esta experiencia la podemos llamar: *estar en el plano o esfera del reino de Cristo.*

Una cosa es que un extraño intente pedirme algo y otra cosa es que mi propio hijo me lo pida. ¿Pueden ver la diferencia de estar en el plano o esfera del reino de Dios? Por mucho tiempo pensé en cómo poder tener seguridad al orar, y sobre todo de ser escuchado, hasta el momento que comprendí esta verdad.

Permíteme usar otra ilustración. ¿Has experimentado lo que significa ser extranjero? Las personas que no están en su propio país no pueden exigir ayudas, servicios o respeto de sus derechos, como sí lo puede hacer alguien que tiene la nacionalidad del país. Lo mismo ocurre en el reino de Dios. Siendo extranjeros del reino de Dios no podemos recibir sus dádivas y gracia. Sin embargo, al llegar a formar parte del reino y convertirnos en ciudadanos, tenemos el derecho de reclamar todas y cada una de las promesas que vienen como resultado de esa condición.

Cuando miro hacia atrás y veo mi experiencia de relación con Dios, puedo verme a mí mismo como un extranjero en lugar de ciudadano, suplicando las misericordias de Dios, pero no reconociendo que la victoria y las promesas para los ciudadanos del reino de Dios son una realidad en Cristo. Pablo lo dijo así: "Porque todas las promesas de Dios son en él Sí, y en él Amén, por medio de nosotros, para la gloria de Dios" (2 Corintios 1:20).

Estoy de acuerdo con vivir en el mundo como extranjero, sufriendo por causa de Cristo. Pero esta no es la misma condición que para los que formamos parte del reino sobrenatural de Dios. En este "plano" debemos actuar y sentirnos como hijos del rey de reyes, coherederos con Cristo y, sobre todo, ¡representantes de ese reino! A esta condición y autoridad en el reino espiritual, estaba haciendo referencia el Señor Jesucristo cuando afirmó a Pedro y a los discípulos que todo lo que atares en la tierra, será atado en los cielos o cuando señaló que lo que pidamos en el nombre de Cristo, Él lo hará para que el Padre sea glorificado.

Este cambio de *condición espiritual,* en la cuales confesamos nuestros pecados a Dios y nos unimos con Cristo para ser ciudadanos del reino, es lo que más teme Satanás. ¿Por qué? Porque ahora estamos en el plano del reino y lo podemos enfrentar y vencer en este mundo de pecado donde Jesús reina.

Elena de White lo aseguró de esta forma:

> No hay nada que Satanás tema tanto como que el pueblo de Dios despeje el camino quitando todo impedimento, *de modo que el Señor pueda derramar su Espíritu sobre una iglesia decaída y una congregación impenitente...* Cada tentación, cada influencia opositora, ya sea manifiesta o secreta, puede ser resistida con éxito, "no con ejército, ni con fuerza, sino con mi Espíritu, ha dicho Jehová de los ejércitos" (Zacarías 4:6).[39]

Al estar en el "plano" del reino de Dios, el cristiano y el líder de la iglesia puede tener el poder y la eficiencia de Dios para alcanzar y llevar a la iglesia a otro nivel, a una experiencia espiritual de victorias, avances y milagros que no podrían alcanzar por sus propios esfuerzos, conocimientos, experiencias y planes.

Esta y no otra es la razón por la que los líderes necesitan considerar sus vidas y hacer los cambios oportunos para aplicar estos principios del reino primeramente en su vida, a fin de poder enseñar a otros lo que Dios espera que experimenten como ciudadanos del reino de Dios.

---

[39] Elena G. de White, *Mensajes Selectos,* 1:144-145, énfasis añadido.

Ser ciudadanos del reino es estar en la cruz y en el trono, como vimos en el primer capítulo. La cruz es el lugar donde reconocemos nuestra incapacidad y aceptamos a Jesús como Salvador. Y el trono, donde lo vemos como nuestro Dios haciendo su obra como rey y Señor por nosotros. Pero RECUERDA: tanto en la cruz como en el trono la obra NO ES NUESTRA. ¡Es de Cristo!

Acabo de arrodillarme y orar, alabando a Dios por esta verdad y clamando porque este mensaje para ti también sea luz, vida, libertad, poder y milagros.

El gran deseo de Satanás es que la iglesia, sus miembros, pero sobre todo sus líderes, no alcancen esta "condición espiritual" en el reino de Dios. Él sabe que si esto ocurre, veremos los desiertos reverdecer y la obra de fe sobre la tierra avanzará como fuego en el rastrojo. ¿Acaso no fue esta la experiencia de la iglesia apostólica? Más que una estructura o programa, ellos fueron tomados por *una visión de ser ciudadanos del reino de Dios* y reclamar las promesas y dones espirituales con la convicción de estar atando y desatando.

Oremos a Cristo como Rey y Señor

Piensa por un momento más en lo que sucedió en la iglesia primitiva. Pedro y Juan habían sido excarcelados bajo amenazas de no hablar en nombre de Jesús (Hechos 4:18). La iglesia se reúne para enfrentar la situación. ¿Qué hace? Aquí vemos precisamente lo que significa vivir en otro escenario de lucha. Lo que hicieron fue lo que definió su éxito en el pasado y en el futuro de la iglesia.

Yo no observo a la iglesia primitiva elaborando estrategias para negociar un punto intermedio, incluso mejorar las relaciones o enfrentar a los líderes. (No estoy en contra de estas acciones, pero no pueden ser lo prioritario.) No. Ellos estaban en otro nivel. Otra esfera, otro plano. ¡Otro reino! No en la carne, sino en el reino de Cristo, el mismo que había sanado al paralítico "por la fe en su nombre" para "confirmar su nombre" (Hechos 3:16). ¿Cuál nombre? Pablo lo responde con claridad: "Por lo cual Dios también le exaltó hasta lo sumo, y le dio un nombre que es *sobre todo nombre*, para que en el nombre de Jesús se doble toda rodilla de los que están en los cielos, y en la tierra, y debajo de la tierra; y toda lengua confiese que *Jesucristo es el Señor*, para gloria de Dios Padre (Filipenses 2:9-11, énfasis añadido).

¿Qué hizo la iglesia? Una sola cosa. Clamó delante de Dios. Ellos oraron: "*Soberano Señor*" (Hechos 4:24, énfasis añadido). ¿Lo vieron? Al mismo inicio de su oración está la fe, convicción de fe o condición espiritual en la cual se encontraban y por la cual Dios se manifestaba en sus vidas.

Para ellos, la soberanía de Dios y Cristo era una realidad absoluta, y estaban a su disposición. En ese momento cuando *el reino de Dios estaba bajo amenazas*, ellos suplicaron para que Dios *los empoderara* y extendiera su "mano" y mostrara su poder (Hechos 4:29). Ellos *pidieron más del Reino de Dios*.[40] Suplicaron por el poder del Espíritu para enfrentar las amenazas de los líderes religiosos, de no predicar en el nombre de Cristo.

¿Qué estaba pasando? Por un lado, ellos sabían que Dios los escucharía y les respondería. Por otro lado, podían mirarse a sí mismos como parte del Señorío de Cristo y de su poder, con el derecho de pedir su intervención. No se trataba de un ruego, sino de una solicitud que reclamaba *la promesa de Cristo* en sus vidas. Dijeron: "Mira sus amenazas y concede *a tus siervos*". ¿Pueden verlo? Ten presente que ellos quieren detenernos, pero aquí estamos nosotros, "tus siervos", para seguir adelante y cumplir la tarea.

Pregunto: ¿Existe alguna diferencia entre esta oración y la que hacemos por lo general en nuestras iglesias? ¿Cómo oramos? Estoy convencido de que, si cambiamos nuestra experiencia de oración y el tipo de oraciones, la iglesia alcanzará el "plano" del reino espiritual para avanzar "bella como la luna, radiante como el sol e imponente como ejércitos abanderados" (Cantares 6:10).

---

[40] La oración que Cristo le enseñó a sus discípulos dice: "Venga tu reino. Hágase tu voluntad, como en el cielo, así también en la tierra" (Mateo 6:10). ¿Acaso no debería ser también esta nuestra oración?

La batalla de la fe, la batalla en el Espíritu

Ahora, la pregunta más importante es: ¿Acaso no necesita la iglesia de hoy enfrentar las amenazas del enemigo a sus hogares, vidas y ministerios, suplicando que Dios pueda llenarlos de poder para no ceder ni un centímetro más del territorio al enemigo? Creo que muchas cosas que hacemos en la iglesia son de utilidad, pero es urgente que la iglesia sea llevada por sus líderes a tener una experiencia de estar en el "plano" del reino *en oración* para alcanzar las victorias del reino de Dios. ¿Puedes imaginarte lo que pasaría en tu congregación o territorio, si pudieras orar como lo hizo la iglesia apostólica?

Pablo escribiendo a Filemón le pidió: "Prepárame también alojamiento; porque espero que *por vuestras oraciones os seré concedido"* (Filemón 1:22). Cuando Pablo afirma *por vuestras oraciones os seré concedido,* está claramente haciendo referencia a cómo los hijos de Dios, cuando oran en el reino espiritual, *pueden influir en lo que pasa en el reino natural.* Me doy cuenta de que la comprensión de lo que significaba esta experiencia por parte de los líderes y la iglesia, significó el verdadero secreto de la victoria de la iglesia primitiva en su lucha contra Satanás y sus estrategias.

De modo que esto es fundamental. ¿Creen que sería posible ver la manifestación externa del reino, si primero no está en el corazón? ¡Imposible! Jesús habló de este principio cuando declaró: *"Conforme a la fe* de ustedes *les sea hecho"* (Mateo 9:29, énfasis añadido). Esto es algo de lo que ya hemos hablado anteriormente en este capítulo, pero profundicemos un poco más.

¿Qué estaba queriendo decir Cristo? Que el reino de Dios se manifiesta externamente cuando primero lo ha hecho internamente en el corazón por medio de la fe. Es indispensable que el creyente viva el reino de Dios en su corazón. Esto es más que lo que hace o no el creyente. Se trata de lo que creemos con relación a Cristo; de nosotros como siervos y de Cristo como Señor de Señores.

Esta experiencia espiritual conduce al miembro (y la iglesia) a orar no solo por cosas, sino por liberación, o por ser más fuertes y por la victoria del reino de Dios sobre el enemigo. ¿Pueden comprender cuán profunda y poderosa puede ser nuestra oración?

Muchos solo oran por lo que pasa en la esfera natural de sus vidas, pero no entienden que *la única forma de alcanzar la verdadera victoria* es cuando se vence en la esfera espiritual. Esto es lo que Pablo quería decir cuando insistió en que "no tenemos lucha contra sangre y carne, sino contra principados, contra potestades, contra los gobernadores de las tinieblas de este siglo, contra huestes espirituales de maldad en las regiones celestes" (Efesios 6:12). En este sentido, Pablo comprendía que lo natural está sujeto a lo que pasa en el "ámbito" espiritual. Por eso, si no llegamos a comprender esta realidad, la iglesia (como comunidad de creyentes) no alcanzará a recibir las victorias que Dios tiene para ella, porque dependerá para su avance y subsistencia principalmente de lo que hace en la carne y no en el Espíritu; de las obras y no de la fe.

Imaginemos que existen dos congregaciones. La primera de las iglesias, que llamaremos "capacitada e *independiente*", conoce todo lo que debe hacerse. Son personas muy preparadas, que pueden repetir de memoria los planes y estrategias que desarrollan exitosamente, llevando adelante la obra. Por otro lado, la segunda congregación la llamaremos "capacitada y *dependiente*". Si bien tiene experiencia y conocimiento, su mayor fortaleza es la *dependencia de la oración y la fe en el poder divino*. Ellos también diseñan estrategias exitosas, pero dependen de Dios para la victoria. ¿Cuál de las dos congregaciones verá el poder de Dios? Como podemos observar que sucede, se suele considerar la diferencia en lo que sabemos o tenemos como seres humanos. Pero más allá, la verdadera diferencia del último avance del reino de Dios está en la dependencia o no del poder de Dios.

Muchas iglesias poseían hombres muy preparados en los tiempos apostólicos. Pero la Escritura registra de los cristianos de Antioquía que estaban ministrando al Señor y ayunando, y que Dios les reveló su voluntad de escoger a Pablo y a Bernabé (Hechos 13:2). ¿Acaso hubiese ocurrido esto si ellos no hubiesen estado en *actitud de dependencia* y búsqueda de Dios? Tal es la misma causa por la que el ministerio de Cristo, Pablo y los apóstoles estuvo marcado por resultados sobrenaturales. Recuerda siempre que "los que logran *los mayores resultados* son *los que confían* más implícitamente *en el Brazo todopoderoso*".[41]

¿Qué se necesita hacer con la iglesia?

¿Qué podemos hacer como líderes, para llevar a la iglesia a ese nivel o plano de experiencia, en el cual se advierta el poder del reino de Dios en los corazones de los miembros y en la congregación toda? ¿Qué necesitas hacer para que tu iglesia experimente el Pentecostés? ¿Qué se puede hacer en la iglesia? Te comparto cuatro acciones personales y de la congregación, a las que llamo: ¡Alistarse para la lucha!

- Se ha de reconocer que nuestro verdadero enemigo es Satanás (1 Pedro 5:8).
- Ser liberados de su influencia satánica confesando nuestros pecados y así estar en Cristo (Efesios 2:5-6).
- Probar los espíritus por medio de la Palabra de Dios para no ser seducidos y engañados por el enemigo (1 Juan 4:1).
- Orar conscientes de la autoridad de Cristo (Efesios 1:18-22).

Estas acciones al ser asimiladas en vida cristiana transformarán al líder, al miembro, a la iglesia toda, y los llevarán a otro nivel en su experiencia espiritual. Estarás preparado para disfrutar el plano o condición espiritual que Elena de White dice que más teme Satanás, porque al poner en ejercicio estas acciones se despeja todo camino de ignorancia, pecado, confusión e incredulidad. Se cumplirá en nuestra vida e iglesia lo que afirmó el apóstol Pablo a los corintios:

> Pues aunque andamos en la carne, no militamos según la carne; porque las armas de nuestra milicia no son carnales, sino poderosas

---

[41] Elena G. de White, *Historia de los Patriarcas y Profetas* (Doral, FL: APIA, 2008), 543-544, énfasis añadido.

en Dios para la destrucción de fortalezas, derribando argumentos y toda altivez que se levanta contra el conocimiento de Dios, y *llevando cautivo todo pensamiento a la obediencia a Cristo* (2 Corintios 10:3-5, énfasis añadido).

Todo lo anterior amplía nuestra comprensión de la efectividad de una oración que se postra ante la cruz y se sienta en el trono, que comenzamos a ver en el segundo capítulo. Si pasamos por alto estas verdades profundas y prácticas, no conseguiremos ver el poder de Dios obrando en nuestras vidas de ninguna manera. Esta condición se vuelve calamitosa y desesperante cuando la iglesia en general no entiende ni se prepara para enfrentar esta lucha en el plano espiritual, con el objeto de vencer a Satanás y prepararse para la eternidad. Es urgente entender hoy la manera cómo obtener victorias, que solo pueden ser resultado de la obra sobrenatural de Dios.

En consecuencia, si deseas experimentar todo el poder de Dios en tu vida y en la iglesia, será necesario que puedas llevar tu vida y a los miembros de la iglesia a experimentar la misma concepción de iglesia que la iglesia primitiva. Esto, y solo esto, llevará a tener una experiencia espiritual de victorias ilimitadas. Ahora, los cuatro principios que hemos visto necesitan vivirse en la congregación de tres maneras.

Cada congregación es un bastión desde el cual el reino de Dios se extiende y cada cristiano un representante de ese reino. El caballo blanco, que representaba el primer período de la iglesia primitiva, es un símbolo del triunfo de la iglesia ante las fuerzas del enemigo que intentaron detenerla y destruirla (Apocalipsis 6:2).

Tres cosas hicieron la diferencia en la vida de la iglesia primitiva. Esta triple costumbre la llamo: ¡Luchar la batalla de la fe! Si la iglesia pone en práctica estas acciones, solo puede obtener un resultado: la manifestación del poder de Dios en la congregación.

1. El templo o lugar de reunión debe cumplir su función principal.
2. El cristiano estaba equipado para la lucha.

3. Activaban la manifestación del reino.

Estas tres experiencias son las más importantes para repetir lo que vivieron los discípulos en el aposento alto y también los creyentes en el gran despertar del siglo XIX, que dio surgimiento a la Iglesia Adventista del Séptimo día. ¿Qué significa?

El templo o lugar de reunión debe cumplir su función principal

Esta es una declaración de Cristo que fue registrada por los tres evangelios y es una referencia directa al profeta Isaías (Mateo 21:12-16, Lucas 19:45-47, Juan 2:13-16; Isaías 56:7). En el templo donde se reunían los feligreses para encontrarse con Dios, Jesús halló vendedores, compradores y cambistas. Fue allí mismo donde afirmó lo que debería ser la función principal del lugar de reunión de los miembros de iglesia.

- "Escrito está --les dijo--: Mi casa será llamada casa de oración" (Mateo 12:13).

- "Escrito está: Mi casa es casa de oración" (Lucas 19:46).

Cuando miramos el libro de Hechos de los apóstoles encontramos a creyentes reunidos *principalmente orando*. La oración no era sólo una parte más o apéndice de un programa, sino la experiencia central que les daba poder para luchar contra su verdadero enemigo. ¿Pueden imaginar lo que pasará con la iglesia si la oración en los templos es más que una acción accidental, rutinaria y superficial? ¿Si se tratara de algo que no es realizado solo por unos pocos, siempre con la presencia de los líderes? (porque ellos creen que es parte principal de su ministerio según el apóstol Pedro). "Y nosotros persistiremos en la oración y en el ministerio de la palabra" (Hechos 6:4).

Está siendo hora de entrar, tanto como miembro y como congregación toda, a pelear las batallas espirituales en las áreas que necesitan una victoria. Los primeros cristianos se reunían para orar y presentar sus necesidades a Dios, sabiendo que si Él lo permitía su reino se manifestaría. Esta fe les hizo posible ver cómo, en medio de todas las dificultades, los corazones eran tocados, vidas sanadas y la iglesia se multiplicaba.

Ahora imagina lo que podría ocurrir si, además de la oración, se le suma el que la iglesia se tome el tiempo para ayunar. Jesucristo aseguró a sus discípulos que el ayuno acompañado de oración puede enfrentar a las fuerzas del mal más poderosas y vencerlas (Mateo 17:21).

El cristiano estaba equipado para la lucha

El apóstol Pablo reflexionó acerca de la naturaleza de la lucha en el libro de Efesios. Describió con claridad las vestiduras necesarias para la batalla:

> Por tanto, tomad toda la armadura de Dios, para que podáis resistir en el día malo, y habiendo acabado todo, estar firmes. Estad, pues, firmes, ceñidos vuestros lomos con *la verdad*, y vestidos con la coraza de *justicia*, y calzados los pies con el apresto del *evangelio de la paz*. Sobre todo, tomad el escudo de la *fe*, con que podáis apagar todos los dardos de fuego del maligno. Y tomad el yelmo de la *salvación*, y la espada del Espíritu, que es *la palabra* de Dios; orando en todo tiempo con toda *oración y súplica* en el Espíritu, y velando en ello con toda perseverancia y súplica por todos los santos (Efesios 6:13-18, énfasis añadido).

Querido lector, estos versículos han de ser objeto de tu meditación y análisis en oración. Y necesitaríamos un espacio mayor para tratar su profundidad. Sin embargo, lo más importante es que podamos comprender que Dios nos ha dado todo como para enfrentar el ataque del enemigo a tu vida, a su iglesia, a su reino. La lucha del cristiano no es carnal. ¡Eso lo necesitamos recordar! Solamente así podremos derribar fortalezas (2 Corintios 10:4). De lo contrario, nosotros, los miembros y sus familias permanecerán cautivos en el desierto de la ausencia del poder de Dios en sus vidas.

Hay quienes entran al reino de Dios y se bautizan, que sin embargo continúan luchando carnalmente para vencer sus problemas personales, sociales, eclesiásticos y espirituales. Van conociendo un sinnúmero de estrategias que se han desarrollado y las aprenden, pero no son poderosos en Dios para "destruir" las fortalezas contra las que están contendiendo, como cuando se detenía el cumplimiento de la profecía en los días de Daniel, mientras oraba por el cumplimiento de lo que Jeremías había dicho (Daniel 10:2-14).

Si creemos en la Palabra de Dios y en el testimonio de la conversación de Cristo y *los setenta*[42] discípulos, encontraremos que se afirma: "Señor, aun los demonios se nos sujetan en tu nombre. Y les dijo: Yo veía a Satanás caer del cielo como un rayo. He aquí os doy potestad de hollar serpientes y escorpiones, y sobre toda fuerza del enemigo, y nada os dañará" (Lucas 10:17-20). ¿Qué aparece en este diálogo? No se trató simplemente de una batalla, sino del triunfo de los siervos que Dios envió para cumplir una tarea.

Años y siglos han pasado y creo firmemente que el poder dado a los discípulos en el pasado está disponible para su iglesia en el presente, si tenemos la fe para abandonar nuestra militancia en la carne y conseguir entrar al reino de la fe.

Mientras escribo estas palabras sé cuánto temor, duda o escepticismo puede encadenar a tu corazón. Pero piensa, ¿acaso no es eso lo que nos ha detenido? ¿Y además, qué de la nueva generación que no solo duda, sino que banalizan estos textos como una historia mitológica? La pregunta es: Cuando Cristo regrese, ¿hallará fe en la tierra? (Lucas 18:8).

Mi querido lector, además de la oración, la Palabra de Dios es la manera como triunfaron en su lucha contra Satanás tanto Daniel, aferrado a la promesa de Jeremías, como Pablo, con la espada del Espíritu. La Palabra de Dios necesita ser algo más que un texto estudiado, memorizado y defendido. Debe ser una promesa esperada, una profecía creída, un decreto del reino de Dios y del Señor

---

[42] Es importante resaltar que el poder de Dios para cumplir la tarea no estaba limitado a los apóstoles, sino que todos los discípulos podían experimentar la realidad del reino de Dios en su vida y ministerio.

Jesucristo que es nuestro asidero e instrumento para mantener nuestro pensamiento mirando al invisible, prevaleciendo por la fe. ¡Es hora de reclamar las promesas de Dios con mayor fervor y fe en la iglesia, en la familia, en nuestras vidas por medio de la oración! Por ello, Elena de White insistió: "Cuando la Palabra de Dios es llevada directamente al corazón por el Espíritu Santo, es poderosa para derribar las fortalezas de Satanás".[43]

Activemos la manifestación del reino

La tercera y última experiencia de la iglesia primitiva que le permitió recibir el poder para vencer y ver la presencia del reino de Dios fue *la unidad de los miembros*. Esta condición les condujo a avanzar con más poder que nunca. En Hechos 2 se lee que cuando el Espíritu descendió estaban unánimes y juntos. Dos capítulos más adelante, al oír el informe de los apóstoles, alzaron "unánimes" la voz a Dios (Hechos 4:24). Tal unidad permitió que la iglesia ganara las mayores victorias y que los cristianos recibieran respuestas a sus oraciones.

Cristo había prometido: "Si dos de vosotros se ponen de acuerdo sobre cualquier cosa que pidan aquí en la tierra, les será hecho por mi Padre que está en los cielos" (Mateo 18:19). Esta aseveración de Dios tiene el mismo poder en nuestros días como cuando Jesús lo dijo a sus discípulos.

Una experiencia espiritual sin límites se abrirá paso en tu vida si buscas la unidad por medio del Espíritu de Dios y resuelves tus diferencias, perdonas a tu enemigo y confiesas tus faltas a tu prójimo. La iglesia que experimenta esta realidad espiritual podrá ver sin duda alguna cómo la presencia de Dios es una realidad y las oraciones son escuchadas por el Padre celestial. ¿Acaso algunas de

---

[43] Elena G. de White, *Ser semejante a Jesús* (Buenos Aires, Argentina: ACES, 2004), 338.

estas condiciones necesitan darse entre nosotros, para ver las victorias que tanto anhelamos y buscamos en nuestra vidas y congregaciones?

Estoy seguro de que en tu corazón está la respuesta. Podemos seguir luchando con nuestros "ejércitos" y nuestras "fuerzas", pero ya sabes cuál es el resultado... continuar en este desierto sin ver el poder de Dios. Es tiempo de que eso cambie en tu vida y en la iglesia. Es hora de ver el poder ilimitado de Dios. Recuerda lo que Pedro aseguró: *"Todas* las cosas que pertenecen a *la vida y a la piedad nos han sido dadas* por su divino poder" (2 Pedro 1, énfasis añadido). Amén.

Evaluación

Para el cierre de este capítulo te presento una evaluación de la aplicación de este principio en tu ministerio y congregación.

Evaluación de la iglesia y líderes en la implementación del plan de victoria

para la batalla de la fe

1. ¿Reconoce cada miembro de la iglesia que su lucha es espiritual y la necesidad del arrepentimiento y la confesión de los pecados para orar conscientes de la autoridad de Cristo?   Sí__ No__
2. ¿Es la oración junto con la Palabra de Dios lo más importante en la adoración en cada reunión de adoración?   Sí__ No__
3. ¿Está cada miembro comprometido en fortalecer su fe en oración personal y participando en los momentos de oración colectiva en su congregación?   Sí__ No__
4. ¿Se está orando y haciendo lo necesario para lograr la armonía y unidad entre todos los miembros mediante la confesión y el perdón de las faltas los unos a los otros?   Sí__ No__

5

El enfoque del líder: EL SECRETO DE LA MULTIPLICACIÓN

Las duras palabras del director de la congregación me sorprendieron. "¿Eso es lo que usted dice que sucede en nuestra congregación? ¡Es que así somos aquí!" Era un hombre de rostro amable, frente amplia y fácil sonrisa, siempre dispuesto a colaborar. Era realmente unas de las pocas y raras excepciones en el lugar, un buen cristiano, pero...

Espero que recuerden que estuve en un distrito que, por casi dos décadas, sus congregaciones no habían crecido. Los líderes pioneros hacían lo que sabían. Recurrían una y otra vez a los mismos planes con la esperanza de tener resultados diferentes. Sin embargo, además del crecimiento, la carencia de unidad entre las congregaciones y el liderazgo eran un gran desafío.

A excepción del primer anciano y un par de hermanos, estaban más preocupados por discutir acerca de una cantidad de asuntos, por ejemplo: doctrinas; formas o maneras cómo se hacían los programas o las ceremonias; de quiénes tenían participación desde la plataforma; en cuestionar las decisiones de la junta de la iglesia; sobre quién era más apreciado por el pastor; o qué hacía la joven esposa del pastor; y de por qué el pastor no le informó alguna acción o decisión. Contarse todo (y digo todo, aunque no existían los teléfonos inteligentes y las redes sociales) unos a otros con una velocidad de infarto. Y además un gran etcétera... ¡se los dejo a la imaginación!

Habían pasado pocos días de mi llegada y uno de los miembros con voz ronca y rostro fruncido me dijo que si yo quería hacer algo, debía estar en *la mitad del medio*. No he olvidado su declaración.

Las palabras del director del grupo: "¿Eso es lo que usted dice que sucede en nuestra congregación? ¡Es que así somos aquí!", acompañadas de una sonrisa tolerante eran una aceptación resiliente de su realidad hasta ese momento. ¡Y vaya que este hombre tenía la paciencia de Job! Prácticamente era la única persona que podía ejercer el liderazgo, juntamente con otro hermano. Los demás estaban envueltos en una guerra "santa" por tener la razón, los puestos, el dominio de "su" iglesia o ser más perfectos que los demás.

Si yo deseaba que algo sucediera en esa congregación, ¿se imaginan ustedes qué debía hacer? Sí, creo que se lo imaginan. Pero déjenme primero hablar de Pablo y del secreto de su ministerio, para luego volver a lo que pasó en estas congregaciones.

El éxito del apóstol Pablo

Cuando observamos con detenimiento el ministerio exitoso del apóstol Pablo, encontramos que uno de sus más grandes secretos fue seguir el modelo de Cristo Jesús. Saulo, como era conocido anteriormente, podría haber seguido la costumbre que Gamaliel y los grandes maestros, a cuyos pies había aprendido. Pero escogió seguir las pisadas del señor Jesucristo al realizar su ministerio. Noten que hago un énfasis en el modelo de Cristo. Porque muchos han perdido su ministerio por servir bajo otros modelos. En el caso del otrora perseguido, su decisión, por demás sabia, le condujo a realizar un ministerio exitoso que superó en productividad, alcance y legado, todo lo realizado por los discípulos y apóstoles contemporáneos o que le sucedieron.

Recuerdo muy bien que, antes de comprender esta verdad, estaba dedicado completamente ser un líder que *hacía todo* en mi congregación. Cuando hablo de un líder que hace todo, me refiero a una persona que la mayor parte de su tiempo se encuentra corriendo de evento en evento, tratando de atender todos los detalles. Durante mucho tiempo busqué con fervor la manera correcta para llevar adelante con éxito mi ministerio. Me dediqué con esfuerzo y sacrificio. No había comprendido con el gran secreto que impactaría mi ministerio.

Los primeros años de mi ministerio, cuando era joven y tenía suficientes fuerzas, podía atender sin duda una gran cantidad de compromisos. Pero los años pasaron y las fuerzas fueron disminuyendo. Entonces me di cuenta que si esperaba continuar siendo eficiente y sobre todo eficaz, debía mejorar la manera como ejercía mi ministerio. Fue entonces cuando me encontré con lo que el apóstol Pablo había escrito a los hermanos y líderes de la iglesia de Éfeso, que cambió la cosmovisión de mi ministerio.

El texto dice: "Y él mismo constituyó a unos, apóstoles; a otros, profetas; a otros, evangelistas; a otros, pastores y maestros, a fin de perfeccionar a los santos para la obra del ministerio, para la edificación del cuerpo de Cristo" (Efesios 4:11-13).

Cuando examinamos con detenimiento está porción de la Escritura, se observa una descripción de los diferentes líderes que existían en los tiempos bíblicos. El apóstol Pablo está hablando de los líderes de la iglesia como apóstoles, profetas, evangelistas, pastores y maestros, quienes cumplían una función importante en la iglesia apostólica. El escritor de la carta a los Efesios muy claramente define cuál era la tarea principal que cumplían o ejercían estos líderes en la iglesia primitiva: *¡Perfeccionar a los santos para la obra del ministerio!*

Lo que el apóstol Pablo está expresando, nos llama poderosamente la atención porque contrasta claramente con la manera como hoy el liderazgo es categorizado, definido o tipificado. Los libros y estudios que se han hecho en la actualidad acerca del liderazgo se centran en señalar al Liderazgo como una tarea centrada únicamente en la motivación, organización e inspiración, y que se sostiene en el ejercicio de un puesto, del carisma de una persona o de su experiencia. No obstante podemos ver que todos los líderes en la iglesia primitiva estaban concentrados en desarrollar un liderazgo que tenía el propósito de formar, capacitar o entrenar a los miembros para el ejercicio de un ministerio para Cristo.

No se trata de despedir a los que no estaban capacitados, sino de capacitar a los que no están aptos. Esta fue la experiencia de Cristo con los apóstoles. Los perfeccionó para la obra del ministerio.

Perfeccionando para la obra del *ministerio*

Es importante que entendamos que la palabra ministerio está haciendo referencia al servicio. El término ministerio, viene del griego *diakonía y* puede ser traducido como servicio. [44]

Algunos textos que hablan de servicio en el Nuevo Testamento	
Hechos 1:17	Y era contado con nosotros, y tenía parte en este *ministerio*.
Hechos 1:25	Para que tome la parte de este *ministerio* y apostolado, del que cayó Judas por transgresión, para irse a su propio lugar.
1 Corintios 12:5	Y hay diversidad de *ministerios*, pero el Señor es el mismo.
Colosenses 4:17	Decid a Arquipo: Mira que cumplas el *ministerio* que recibiste en el Señor.
2 Timoteo 4:5	Pero, tú, sé sobrio en todo, soporta las aflicciones, haz obra de evangelista, cumple tu *ministerio*.
2 Timoteo 4:11	Sólo Lucas está conmigo. Toma a Marcos y tráele contigo, porque me es útil para el *ministerio*.

Llama profundamente la atención que, cuando Dios sacó al pueblo de Israel de Egipto mediante Moisés, le pidió al faraón que dejara ir a su pueblo para que le *sirviera* (Éxodo 7:16, 9:13) ¿Qué significa? Tanto en el Antiguo Testamento como en el Nuevo Testamento el propósito del cielo al llamar a sus hijos es para el ejercicio de un ministerio.

Al analizar detenidamente el texto observamos que el propósito es *perfeccionar* a los santos para que cumplan su ministerio. En otras palabras, el

---

[44] El término significa servicio, ayuda, papel o posición de servicio, arreglo para el apoyo a otro, contribución de dinero para ayudar a alguien en necesidad, servir comida y bebidas. Véase James Swanson, *Dictionary of Biblical Languages with Semantic Domains: Greek (New Testament)* (Oak Harbor, MI: Logos Research Systems, 1997).

propósito fundamental del liderazgo era continuar *desarrollando* en los miembros de la iglesia los dones y talentos mediante la obra del Espíritu Santo en sus corazones, yendo de una experiencia a otra, de un conocimiento a otro y de una capacidad a otra para edificar o consolidar el cuerpo de Cristo.

Lo que extraemos de este texto es la relación de causa y efecto a través del ministerio de los líderes de la iglesia. La causa es la obra de los líderes: perfeccionando a los santos. El resultado o el efecto es la edificación del cuerpo de Cristo.

En otras palabras, para edificar el cuerpo de Cristo los líderes deben realizar el ministerio de, en palabras de Pablo, perfeccionar a los santos (los llamados) para que cumplan su ministerio. Entonces, el cuerpo de Cristo o la iglesia estará perfeccionada cuando ellos (los líderes) cumplan su ministerio.

Este tipo de liderazgo puede ser conocido como el empoderamiento espiritual del miembro de iglesia. Cuando reflexioné en este texto y comprendí lo que el apóstol Pablo estaba diciendo a los líderes y miembros de la iglesia, un nuevo horizonte se abrió delante de mí. Desde ese mismo instante me di cuenta de que mi trabajo como líder debía estar centrado o enfocado principalmente en preparar a cada miembro de la iglesia, empoderar al creyente en Cristo, para realizar un ministerio para Dios.

Podría haber líderes de la iglesia que acostumbran a mirar a los miembros simplemente como seguidores, espectadores, creyentes. Sin embargo, cuando se considera el paradigma del liderazgo bíblico, se puede advertir que liderar con relación al miembro *va mucho más allá de hacer un seguidor*. La expectativa de Dios para la edificación de su cuerpo en esta tierra, es que cada uno de sus miembros o seguidores lleguen a ser siervos eficientes y eficaces en el ministerio para Él.

¿Puedes darte cuenta de la razón por la que los líderes que desean ver un cambio radical en su misterio necesitan poner en práctica el secreto de liderazgo del apóstol Pablo? Hacer esto y no otra cosa será como seguir avanzando por el mismo camino que conducirá tu ministerio y al liderazgo a obtener los mismos resultados que generaron la aplicación de este principio y secreto en la vida y ministerio del apóstol Pablo.

Si deseas sinceramente que esto ocurra, será necesario que enfoques tu ministerio, invirtiendo lo que sea necesario, para concentrarse en una sola cosa, lo más importante del liderazgo espiritual y bíblico que ejerces en tu congregación: *perfeccionar a los santos para la obra del ministerio.*

Con el fin de alcanzar el propósito del perfeccionamiento será necesario comprometerse a dedicar tiempo en la formación y el empoderamiento de los miembros de la iglesia. Además, comprometerse en la inversión de recursos para tal fin. Y sobre todas las cosas, mantener siempre presente cuál es el resultado esperado en el crecimiento de cada miembro de iglesia. Como líder habrás de avizorar siempre la meta que Dios tiene para cada uno de los miembros. ¡La perfección en el servicio a Dios es el propósito divino para cada uno de los miembros o creyentes de la iglesia!

El perfeccionamiento del creyente

La obra del Espíritu Santo para perfeccionar a sus hijos a la estatura de Cristo tiene diversas áreas que tratar. Van desde el fruto del Espíritu hasta el uso de los dones para su servicio. Al considerar el caso particular del propósito de este libro, que es el reavivamiento, crecimiento y prosperidad de la iglesia, abordaremos el proceso por el cual avanzan los que son perfeccionados en ser instrumentos de Dios para ganar otras personas para Cristo. En las palabras de Cristo, los discípulos que le sirven como "pescadores de hombres".

Además, estoy convencido que este camino, exige al mismo tiempo el desarrollo de los frutos del Espíritu y ejercicio de los talentos.

El crecimiento o perfeccionamiento de los miembros en el ministerio o servicio a Dios en relación a ser discípulos de Cristo, lo podemos definir en tres etapas: La primera etapa del crecimiento o estadio de la vida espiritual de un miembro de iglesia la llamaremos: Creyente. Un estudio más detallado lo puede encontrar en el libro *Un liderazgo que transforme: Secretos del discipulado cristiano*.

1. Creyente.

Podríamos definir al creyente nominal como alguien que acepta el evangelio de Jesucristo y las doctrinas, pero que no participa regularmente en compartir el evangelio y ministrar (servir) con sus dones. Los creyentes pueden llegar a captar cómo Dios actúa a favor de ellos, pero no comparten sus experiencias ni bendiciones con quienes los rodean. Un ejemplo de este tipo de miembros son las multitudes que seguían a Cristo mientras estuvo sobre la tierra. Esos seguidores experimentaban los milagros de Cristo; sin embargo, no participaban de los grupos cercanos a Cristo como los apóstoles o los setenta, que además compartían el evangelio.

Este tipo de creyente nominal no experimenta lo que Jesús dijo:

Y estas señales seguirán a los que creyeren: En mi nombre echarán fuera demonios; hablarán nuevas lenguas; quitarán serpientes, y si bebieren cosa mortífera, no les dañará; sobre los enfermos pondrán sus manos, y sanarán. Y el Señor, después que les habló, fue recibido arriba en el cielo, y se sentó a la diestra de Dios. Y ellos, saliendo, predicaron en todas partes, obrando con ellos el Señor, y confirmando la palabra con las señales que se seguían. Amén (Marcos 16:17-20).

Para llegar a esta etapa se ha tenido que pasar de ser una persona incrédula a ser una persona creyente. Pero su fe solo se ha quedado en una aceptación intelectual y una entrega parcial. Si bien no está alejada de Dios, tampoco se encuentra tan cerca, como para ser usada en el servicio a Dios. Creyentes son quienes solo han aceptado a Cristo como salvador personal.

2. Discípulo.

¿Qué es un discípulo? Es aquella persona que además de creer en Cristo Jesús como su salvador, lo acepta como su Señor y está dispuesta a compartir su fe y usar sus dones según el plan *que Dios tenga* para su vida. El discípulo ha llegado a tener una relación íntima con Dios y está dispuesto a que se lo use según sea la voluntad divina. El Espíritu Santo puede llevar y usar a esa persona según lo necesite, para que otros lleguen a creer y a obedecer el evangelio de Cristo Jesús. En este sentido, los discípulos escuchan a Dios y su voz, la comprenden y obedecen.

Un ejemplo de este grupo de miembros pueden ser Ananías y los discípulos de Cristo (Lucas 14: 26-27, 33).

Jesús dijo:

Si alguno viene a mí, y no aborrece a su padre, y madre, y mujer, e hijos, y hermanos, y hermanas, y aun también su propia vida, no puede ser mi discípulo. Y el que no lleva su cruz y viene en pos de mí, no puede ser mi discípulo. Porque ¿quién de vosotros, queriendo edificar una torre, no se sienta primero y calcula los gastos, a ver si tiene lo que necesita para acabarla? No sea que después que haya puesto el cimiento, y no pueda acabarla, todos los que lo vean comiencen a hacer burla de él, diciendo: Este hombre comenzó a edificar, y no pudo acabar. ¿O qué rey, al marchar a la guerra contra otro rey, no se sienta primero y considera si puede hacer frente con diez mil al que viene contra él con veinte mil? Y si no puede, cuando el otro está todavía lejos, le envía una embajada y le pide condiciones de paz. Así, pues, cualquiera de vosotros que no renuncia a todo lo que posee, no puede ser mi discípulo (Lucas 14:26-33).

Otro ejemplo de este tipo de discípulos, lo podemos encontrar en los dos endemoniados de Gadara, la mujer samaritana, Felipe, quienes llegaron a ser lo que Dios le pedía. Por otra parte, los que no pudieron pasar de la experiencia de creyente a discípulo podrían ser el joven rico, Ananías y Safira. Estos últimos solo eran creyentes, pero no estaban dispuestos a seguir a Cristo Jesús totalmente.

3. Discípulo líder o líder discipulador.

Este tipo de persona forma discípulos y es responsable de ellos. Como podemos deducir, el líder discipulador no solo ha sido creyente. Además está dispuesto a ser usado como siervo de Dios para ganar a otras personas. Pero más allá, esa persona es vehículo para la conversión y transformación de otros en creyentes y discípulos de Cristo Jesús.

Este tipo de liderazgo discipulador o transformador fue el estilo de liderazgo de nuestro señor Jesucristo y del apóstol Pablo. Fueron líderes maestros de otros discípulos, o quienes perfeccionaban a los santos en la obra del ministerio. En el libro *Un liderazgo que transforme* se presentó un estudio detallado del método de Cristo.

Jesús afirmó, según Mateo 10:24-25: "El discípulo no es más que su maestro, ni el siervo más que su señor. Bástale al discípulo ser como su maestro, y al siervo como su señor".

Esta declaración presenta con claridad que el propósito del liderazgo de Cristo estaba enfocado en llevar a los discípulos a un perfeccionamiento en el nivel de servicio, que estuviese a la misma altura o nivel que el servicio que Él realizaba. Las palabras de Cristo evidencian sin lugar a duda que el propósito del liderazgo, sea el del profeta o del maestro, del mismo pastor o del evangelista, debe ser que los discípulos lleguen a ser como ellos mismos… ¡tratando ser como Cristo!

Cuando los líderes comprenden esta realidad, su ministerio es transformado. Tan pronto como comienzan a experimentar lo que significa aplicar este principio en su ministerio, los resultados son extraordinarios. ¿Acaso es posible que exista otro resultado? Imagínate lo que pasaría si tu iglesia se concentra en perfeccionar a los santos para el ministerio. Estoy convencido de que los resultados serían mucho mayores y abundantes de lo que han experimentado hasta ese momento.

Permíteme ilustrar en este momento lo que significa aplicar este principio y los resultados que se obtienen al hacerlo.

Supongamos que vamos a una universidad a prepararnos como profesores de Educación Física. Al hacerlo podemos llegar a reunir mucho conocimiento. Tras terminar los estudios tendríamos un certificado que confirmaría que poseemos conocimientos acerca de músculos, huesos, las rutinas más eficaces de ejercicios, cómo funciona el metabolismo, la nutrición correcta, las reglas y normas para la práctica de cada deporte o ejercicio.

Todo ese conocimiento estará acumulado en la mente y podría ser compartido con las personas a las que enseñas o intentas entrenar. Sin embargo, la utilidad de este conocimiento no siempre nos traerá beneficios como profesores de Educación Física. ¿Qué quiero decir con esto? De mis años de estudiante recuerdo a algunos de mis profesores de Educación Física que conocían todo acerca de su cuerpo y del deporte, pero que su mismo organismo y habilidades no reflejaban la práctica de ese conocimiento. ¿Estás consciente de esto?

Ahora, si vamos a un gimnasio, puede que no sepamos mucho acerca de músculos, huesos, rutinas eficaces, cómo funciona el metabolismo y la nutrición correcta. Sin embargo, al acudir a ese lugar, no vamos a sentarnos o a llenar nuestras mentes de conocimiento, sino a ejercitar el cuerpo. Como resultado, el organismo mejora porque reacciona al ejercicio y al esfuerzo que está realizando. Significa que estamos experimentando los beneficios de poner en práctica las diferentes rutinas de ejercicio, aunque no conozcamos siquiera el nombre de alguna de ellas.

Si como líderes y miembros pensamos que congregarnos es cómo ir a una universidad, con el propósito único de alimentar la mente y obtener conocimiento, estaremos obteniendo un resultado limitado. Porque lo más importante al estar presentes en el lugar de reunión es que asistamos con el espíritu, y no solo para acumular conocimientos sino para conseguir el poder a fin de servir a Dios. Esta fue la razón por la cual los fariseos, en los tiempos de Jesucristo, no llegaron a experimentar lo que significaba en verdad el reino de Dios. Su propósito simplemente era acumular el conocimiento de la letra de la ley en sus mentes, pero no habían llegado a ejercitar, practicar o vivir conforme al espíritu de esa letra.

La iglesia es el cuerpo vivo de Cristo

Como hemos podido observar, la iglesia debería parecerse más a un gimnasio que a una universidad. Pablo dice que Cristo es la cabeza y cada uno de los miembros cumple una función importante en su cuerpo como iglesia (1 Corintios 12:12-27).

En los días de la iglesia primitiva, quienes estaban en el frente de la iglesia como líderes, eran simples pescadores que no habían ido a ninguna universidad ni obtenido ningún título, pero conocían por experiencia lo que significaba vivir en el reino de Dios. Ellos no habían recibido ninguna instrucción profunda, llena de palabras incomprensibles o de citas innumerables de autores famosos. Ellos habían tocado, visto y experimentado lo que también compartían con las personas. Ellos habían estado en un gimnasio desarrollando el espíritu de Dios en sus vidas, mientras acumulaban un conocimiento práctico de lo que significaba experimentar el poder del reino de Dios.

¿Se ha sentido frustrado de no tener más poder de Dios en su vida? ¿Se ha preguntado por qué no puede experimentar lo que vivieron los apóstoles en el pasado? ¿Se ha sentido desanimado por tener mucho conocimiento pero poco poder? Todas estas preguntas tienen la misma respuesta. La iglesia necesita transformarse en un lugar donde cada miembro pueda crecer y perfeccionarse hasta la imagen y semejanza de Cristo Jesús, y no simplemente el sitio para acumular más conocimiento en su mente.

Si se comprende este principio y se aplica esta verdad, podremos ver los mismos resultados que experimentaron Cristo, los apóstoles y la iglesia primitiva en el pasado. Personalmente, como resultado de comprender este principio y aplicar esta verdad, entonces podremos experimentar en nuestras vidas y en la de los miembros de la iglesia la transformación y el crecimiento en el servicio a Dios. ¿Por qué? "La razón es muy clara. El discipulado en el concepto de Cristo no simplemente significa conocer o aceptar una doctrina, sino llevar a cabo una tarea".[45]

Tres preguntas que empoderan al miembro

Permíteme ahora explicar las tres preguntas cuyas respuestas dan como resultado el empoderamiento o desarrollo de un miembro en discípulo de Cristo.

1. ¿Qué haremos?
2. ¿Cómo lo haremos?
3. ¿Con qué autoridad y poder lo haremos?

Repito, estas tres preguntas conducirán al crecimiento de cada miembro en el ministerio en el reino de Dios, y el crecimiento en la experiencia del poder de Dios en su vida.

La meta de los líderes que se dejan guiar por los principios bíblicos es que, al final como resultado de su servicio, los miembros puedan tener una vida transformada. ¿Podría ser que los dirigentes contemporáneos de la iglesia necesitaran comprender que la iglesia no es algo que meramente enunciamos, sino algo que vivimos? De lo contrario, mientras más tiempo dediquen los pastores y ancianos a los púlpitos, más tiempo los miembros estarán sentados en los bancos. Aceptar este pensamiento traerá sin lugar a duda la manifestación del reino de Dios en la vida del miembro y de su congregación.

---

[45] Rodríguez, *Un liderazgo que transforme*, 118.

¿Podemos imaginarnos lo que significaría aplicar este principio en nuestras congregaciones? El crecimiento del reino de Dios viene única y solamente como resultado del crecimiento en el espíritu del miembro de la iglesia. En este sentido, cada miembro de iglesia debe ser invitado a comprometerse en una vida de crecimiento en discipulado espiritual.

El compromiso del miembro

Tal como ya lo hemos mencionado, la visión y el compromiso del líder necesitarán en contraparte la existencia de un compromiso del miembro. El proceso del desarrollo del liderazgo es un sistema que crece teniendo como base dos pilares: por un lado, el compromiso del líder, y por el otro, el compromiso del miembro. Estas dos columnas son el secreto para llevar adelante la manifestación del reino de Dios en la congregación.

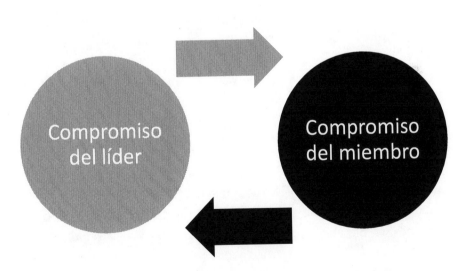

¿Recuerdas cuando Jesús llamó a los discípulos para seguirlo y ser sus aprendices? Ese simple acto reflejaba el deseo y compromiso del líder. ¿Qué significaba? Cuando un líder busca y llama discípulos, expresa un auténtico compromiso de liderazgo bíblico. Y en consecuencia, al aceptar el desafío de seguir al maestro, el discípulo muestra su deseo y compromiso con aprender y hacer todo lo que pida su maestro.

En el camino de Dios, cuando una persona se bautiza, a veces puede ocurrir que piense que ya consiguió la meta que debía de alcanzar ante el llamado divino. Erradamente, considera que sencillamente debe permanecer acumulando conocimiento mientras se sienta en el banco de la iglesia y escucha exhortaciones, instrucciones y es espectador de programas. No obstante, cada miembro de iglesia debe comprender que el bautismo no es el final de su experiencia religiosa. Por el contrario, es el pequeño primer paso de un camino muy largo, hacia un desarrollo de su vida espiritual. Es por esto que a quienes se invite a ser bautizados se les debe también hacer comprender que, luego del bautismo, ellos inician un peregrinaje de crecimiento espiritual que tiene como propósito llegar a ser como Jesús, vivir como Jesús y obrar como Jesús.

Por eso es que cada miembro de la iglesia necesita ser invitado de manera general y también de forma individual a comprometerse en un desarrollo espiritual constante en su vida. Como líderes podemos dar por sentado este aspecto y no hacer de esta invitación un aspecto importante de nuestro ministerio. Sin embargo, si esperamos ver el crecimiento de Dios en nuestra congregación, debemos hacer de la invitación al compromiso en el discipulado, un aspecto importante de nuestro ministerio.

Al mirar el ministerio de Cristo, podemos ver muy claramente que el llamado al compromiso de ser su discípulo ocupó un espacio destacado en la narrativa de los evangelios. De una manera u otra, los cuatro evangelios presentan el llamado de Cristo al discipulado. Si se observa con detenimiento, nos daremos cuenta que quienes fueron llamados para ser discípulos de Cristo y posteriormente sus apóstoles, ya habían experimentado la experiencia del bautismo. Y aunque el bautismo es el inicio del discipulado, se hace necesario que el miembro de la iglesia vuelva a recibir la invitación para comprometerse a no ser meramente un creyente, sino un verdadero discípulo de Cristo Jesús.

¿Qué significa el compromiso con el discipulado?

Cuando el nuevo miembro se compromete con el discipulado, está tomando la decisión de:

1. Atender a las reuniones de formación o capacitación en discipulado.
2. Tener un compañero para el desarrollo espiritual, como una pareja misionera.
3. Hacer una autoevaluación mensual acerca del crecimiento espiritual y del discipulado en su vida.
4. Ser evaluado por su mentor, líder de grupo pequeño o anciano, en cuanto a su desarrollo espiritual.

Como se puede observar, el miembro de la iglesia está comprometido en crecer en su vida espiritual. Para ello, participará de ciertas actividades, como el "gimnasio de entrenamiento", con el fin de crecer en el espíritu y adquirir poder. Además estará acompañado en esta experiencia por otro discípulo y estará bajo la asesoría de los líderes espirituales. Pero el aspecto más importante tiene que ver con la autoevaluación que el mismo discípulo realizará con el fin de considerar el avance y desarrollo espiritual.

El propósito del crecimiento del miembro estará enfocado en diez áreas. Estas áreas requerirán que el miembro asuma diez compromisos con el fin de desarrollarse de manera integral, basados en los principios fundamentales del reino de Dios. La meta suprema del miembro será ser como Jesús.

Elena de White afirmó: "Cristo espera con un deseo anhelante la manifestación de sí mismo en su iglesia. Cuando el carácter de Cristo sea perfectamente reproducido en su pueblo, entonces vendrá Él para reclamarlos como suyos".[46]

---

[46] Elena G. de White, *Eventos de los últimos días* (Boise, ID: Pacific Press, 1992), 36.

Y además hizo mucho énfasis en este propósito solemne que todo miembro de iglesia debería de tener:

¿Preguntáis, hermanos y hermanas, qué modelo copiaremos? No os indico a hombres grandes y buenos, sino al Redentor del mundo. Si queréis tener el verdadero espíritu misionero, debéis ser dominados por el amor de Cristo; debéis mirar al Autor y Consumador de nuestra fe, estudiar su carácter, cultivar su espíritu de mansedumbre y humildad, y andar en sus pisadas.[47]

La metáfora de Cristo

Bajo estos dos pilares, el compromiso del líder y el compromiso del miembro, el Espíritu Santo cumplirá su propósito de edificar el cuerpo de Cristo. El señor Jesucristo hablando acerca del crecimiento en la vida espiritual dijo: "Porque de por sí la tierra da fruto: primero el tallito, luego las espigas y después el grano lleno en la espiga" (Marcos 4:28).

El propósito es lograr un crecimiento integral de cada miembro de iglesia. La felicidad más grande de un líder es contemplar la forma como el Espíritu Santo obrando en lo más profundo del corazón como la levadura, hace crecer el reino de Dios en el discípulo.

Para lograr este objetivo de crecimiento, el líder discipulador debe hacer lo siguiente:

---

[47] Elena G. de White, *Joyas de los Testimonios* (Buenos Aires, Argentina: ACES, 2004), 2:126.

1. Orar y ayunar.

Permítanme dejar con ustedes los siguientes textos de la Escritura, que presentan con suma claridad cómo este principio fue aplicado de manera extraordinaria en la vida de Pablo y de los apóstoles; conocemos los resultados.

"Y nosotros continuaremos en la oración y en el ministerio de la palabra" (Hechos 6:4). Como líder discipulador se debe programar el itinerario de cada día, respondiendo las siguientes preguntas: ¿Cuánto tiempo deseo dedicar a la oración intercesora? ¿Conozco las necesidades de los miembros de la iglesia para presentarlas delante del Señor? Te invito a leer estos textos y observar este principio en la vida de Pablo.

"Porque Dios, a quien sirvo en mi espíritu en el evangelio de su Hijo, me es testigo de que sin cesar me acuerdo de vosotros siempre en mis oraciones" (Romanos 1:9).

"Doy gracias a Dios, a quien rindo culto con limpia conciencia como lo hicieron mis antepasados, de que sin cesar me acuerdo de ti en mis oraciones de noche y de día" (2 Timoteo 1:3).

Tras leer e incorporar el contenido de estos textos, estoy completamente seguro de que sentiremos en nuestros corazones el fervor y la pasión con la que el apóstol se postra y clama a Dios por el crecimiento del reino de Dios en el corazón de los miembros. Muchas veces hablamos del poder del ministerio de la predicación del apóstol Pablo y olvidamos que gran parte de su tiempo estuvo prisionero, desde donde solo podía enviar cartas y orar. Hoy nosotros tenemos el testimonio de sus cartas y a través de ellas sabemos que la mayor parte del tiempo lo dedico a la oración.

Entonces, si nos preguntamos por qué tuvo tanto éxito y poder en su ministerio, la respuesta está allí, delante de nuestros ojos. Los líderes de hoy necesitamos poner en práctica también este principio. ¡La iglesia necesita tener líderes que apliquen este principio!

2. *Visitar mensualmente a los miembros.*

La visitación de los miembros es uno de los aspectos más poderosos, después de la oración, para transformar y comprometer al miembro en su crecimiento espiritual. Me llama poderosamente la atención la manera como Pablo se refirió a esta experiencia delante de los ancianos de Éfeso en Mileto. Haciendo referencias a su ministerio, el otrora perseguidor de la iglesia señaló con vehemencia:

"Por tanto, velad, acordándoos que, por tres años, de noche y de día, no he cesado de amonestar con lágrimas a cada uno" (Hechos 20:31).

Estoy convencido de que esta declaración se refiere a un esfuerzo de visitación y atención a los miembros en sus propias casas. Me imagino al apóstol yendo de casa en casa, durante el día o la noche, para amonestar hasta con lágrimas, de manera personal a los miembros de iglesia. Elena G. de White escribió:

Como pastor del rebaño [el ministro] debe cuidar las ovejas y los corderos, buscando a los perdidos y descarriados, y trayéndolos de vuelta al redil. Debe visitar todas las familias, no meramente como un huésped para gozar de su hospitalidad, sino para inquirir acerca de la condición espiritual de cada miembro de la casa. Su propia alma debe estar imbuida del amor de Dios; entonces, con amable cortesía, puede abrirse camino al corazón de todos, y trabajar con éxito por los padres y los hijos, rogando, amonestando, animando, como el caso lo exija.[48]

Cuando el líder visita, puede alcanzar los siguientes beneficios:

- El miembro siente que es uno y no simplemente es parte de la multitud.

---

[48] Elena G. de White, *El evangelismo* (Doral, FL: APIA, 1994), 255. La cita es tomada de un artículo en *Signs of the Times,* 28 enero 1886.

- Se conocen y se atienden las necesidades particulares de los miembros.
- La relación con el miembro aumenta y se fortalece asimismo la ascendencia y la influencia.
- Se consolida el vínculo que une al miembro con la iglesia.
- Se fortalece la fe y se clarifica las dudas.
- Se toman importantes decisiones.

3. Enseñar.

El líder debe enseñar al nuevo discípulo de manera personal y en otras oportunidades llevarlo a reuniones donde pueda recibir la enseñanza. Además, el líder debe de proveer experiencias de aprendizaje para el discípulo.

Según la palabra de Dios la capacidad de enseñanza del líder es muy necesaria para su liderazgo:

- Pues el siervo del Señor no debe ser contencioso, sino amable para con todos, apto para enseñar y sufrido; pablo espera que el siervo del señor sea apto para enseñar (2 Timoteo 2:24).
- "Entonces es necesario que el obispo sea irreprensible, marido de una sola mujer, sobrio, prudente, decoroso, hospitalario, apto para enseñar" (1 Timoteo 3:2).
- "Que sepa retener la palabra fiel conforme a la doctrina, para que pueda exhortar con sana enseñanza y también refutar a los que se oponen" (Tito 1:9)

4. Predicar la Palabra.

Los apóstoles y discípulos recibían de Cristo las explicaciones más profundas y las enseñanzas más fuertes de las Escrituras. A través de su mensaje, el señor Jesucristo transmitía las creencias y principios del reino de Dios, que le permitían a ellos aumentar su fe y crecer en el reino. Por medio de la predicación, el líder debe buscar el crecimiento o la transformación de la cosmovisión de los miembros. Es el crecimiento de la fe.

El apóstol Pablo presenta incluso con frustración la ausencia de crecimiento de los miembros en la iglesia de Corinto, después de haber recibido alimento sólido. El apóstol dijo: "Así que yo, hermanos, no pude hablaros como a espirituales, sino como a carnales, como a niños en Cristo. Os di a beber leche, no alimento sólido, porque todavía no podíais recibirlo. En verdad, ni aun ahora podéis" (1 Corintios 2:1-2).

Por medio de una predicación profunda a los discípulos, se promueve como resultado un crecimiento en su vida espiritual. Muchas iglesias poseen discípulos carnales o niños espirituales, porque la predicación ronda alrededor de temas que no le ayudan en su crecimiento espiritual.

Lo que se ha presentado como acciones del líder son los aspectos a los que llamamos el modelo de un ministerio de poder.

El ejercicio de este ministerio empodera al líder para el cumplimiento de la misión de perfeccionar a los santos para la obra del ministerio. Este es el plan de Dios.

Es necesario que el líder comprenda que es su misión y su compromiso con Dios de poner en práctica los principios de un ministerio de poder, de modo que se alcance como resultado la edificación del cuerpo de Cristo y la manifestación del reino de Dios en su iglesia. Recuerda: Dios te ha escogido para cumplir la importante misión de empoderar a cada miembro como instrumento del Espíritu Santo en este tiempo. ¡El poder de Dios venciendo sobre la oscuridad!

Al inicio de este capítulo se presentó la historia de dos congregaciones que tenían grandes desafíos. ¿Qué sucedió? El discipulado o formación de nuevos líderes no solamente multiplica el impacto de nuestro liderazgo, sino que además forma un nuevo liderazgo para llevar a las congregaciones a otro nivel de servicio a Dios. Solo diré que al estar en ese lugar, oré por dos cosas: *Señor, cambia a los líderes y miembros en su corazón para actuar de manera diferente, o trae a nuevos líderes y miembros que te sirvan conforme a tu corazón.* ¡Y Dios respondió!

Evaluación

Para el cierre de este capítulo te presento una evaluación de la aplicación de este principio en tu ministerio y congregación.

Evaluación de la iglesia y líderes en la implementación del plan del discipulado

1. ¿Tiene la iglesia un plan de discipulado o perfeccionamiento desde creyentes hasta líderes discipuladores?　　　　Sí__ No__
2. ¿La iglesia evalúa cada mes el número de miembros que están compartiendo el evangelio o en diferentes ministerios?　　Sí__ No__
3. ¿Se hacen invitaciones en cada reunión para llevar a todos los miembros a un compromiso de crecimiento como discípulo?　　Sí__ No__
4. ¿Están los líderes participando de la oración y ayuno, la visita mensual de los miembros, la enseñanza y la predicación de la Palabra de Dios para el perfeccionamiento de los creyentes?　　Sí__ No__

Si deseas un plan sugerente de discipulado para tu congregación, formatos para la evaluación del plan y más materiales, esperamos que puedas ser parte de nuestro grupo de formación de líderes comprometidos con un reavivamiento, registrándote o llenando el formulario con tus datos que está al final del libro.

Ahora bien, la resurrección o reavivamiento de una iglesia requiere resolver un problema adicional: ¿Cómo atraer a más personas a nuestra congregación? El secreto está en las siguientes páginas. Una vez más te expreso mi plegaria al Altísimo pidiendo las más grandes bendiciones para ti.

6

La estrategia del líder: EL SECRETO DEL IMPACTO

¿Acaso podemos conformarnos con lo que está sucediendo? No, mi corazón me dice que no. ¡El Espíritu Santo dice que no! Aunque estemos haciendo cosas con la convicción de obedecer la Palabra de Dios, muchas veces parece solo una ilusión. Por eso no pocos, sin importar su posición, prefieren que las cosas sigan igual. Pero, ¿acaso se cree sinceramente lo que dice la Escritura? ¿Cuál es el compromiso que tenemos? ¿Estamos comprometidos con la posición y el cargo, o con la Palabra de Dios? Estas y otras reflexiones vienen a mi mente como un desfile de olas que golpean mis emociones, y me estremecen. ¿Por qué? Porque debo rendirle cuenta a Dios, porque debo ser fiel a mi conciencia, porque ¿cómo podría hacer algo en contra de los mejores intereses del reino de Dios?

Por ello, al escribir este libro lo hago con el sincero deseo de encontrar a otros que se unan en oración y acción para que la iglesia cambie de lo que fuere a lo que Dios espera que sea otra vez: ¡la luz para el mundo! Un pueblo que ilumina toda la tierra con la gloria de Dios.

¿Cómo es posible que la iglesia haya llegado a ser lo que es?

Hay quienes al analizar esta pregunta lo hacen reconociendo, por un lado, los desafíos que la sociedad posmoderna y secular representa para el cristianismo y, por otro lado, aceptando que el accionar regular de las congregaciones no es relevante para esta sociedad actual. Es como si esas congregaciones estuvieran muy centradas en hablarse a sí mismas y, como resultado, han perdido la conexión con el mundo externo. Tal realidad es puesta en evidencia con lo que sucede: generaciones de jóvenes abandonan las congregaciones o carecen de identidad con lo que la iglesia ofrece.

Vivir en esta burbuja que separa del mundo, y nos aísla en el monasterio de nuestros propios intereses, nos aparta de los intereses personales de otros, de la comunidad, del mundo circundante, despoja a la iglesia de su poder y propósito. Más allá de presentar la verdad en sus templos, la iglesia debe encarnar esa verdad de ser como luz y sal en el mundo. Elena de White enfatiza que la misión de la iglesia es anunciar el evangelio al mundo.[49] Entonces, ¿cómo hacerlo si, además de perder a la siguiente generación, no representamos una respuesta para otros?

No cabe duda que para responder este dilema debemos entender el terreno en el que nos movemos. La sociedad relativiza la verdad. Dicho de otra manera. No se trata solamente de que cada uno tiene su propia verdad basada en la experiencia, sino que además el valor de verdad absoluta pierde su significado. Como consecuencia, los derechos del ser humano, el individualismo y la libertad para decidir, son los aspectos preponderantes de este tiempo.

Si la iglesia espera ocupar su lugar en tu ciudad o comunidad, necesita ser fiel a Dios y su Palabra, decidiendo ser la iglesia que Dios espera que vuelva a ser. Lucas lo describió así:

---

[49] "La iglesia es el medio señalado por Dios para la salvación de los hombres. Fue organizada para servir, y su misión, *es la de anunciar el Evangelio al mundo*. Desde el principio fue el plan de Dios que su iglesia reflejase al mundo su plenitud y suficiencia. Los miembros de la iglesia, los que han sido llamados de las tinieblas a su luz admirable, han de revelar su gloria". White, *Los hechos de los apóstoles*, 9, énfasis añadido.

- "Y la palabra de Dios crecía, y el número de los discípulos *se multiplicaba* en gran manera en Jerusalén; inclusive un gran número de sacerdotes obedecía a la fe" (Hechos 6:7, énfasis añadido).
- "Entonces por toda Judea, Galilea y Samaria la iglesia tenía paz. Iba edificándose y vivía en el temor del Señor, y con el consuelo del Espíritu Santo *se multiplicaba*" (Hechos 9:31, énfasis añadido).
- "Pero la palabra del Señor crecía y *se multiplicaba* (Hechos 12:24, énfasis añadido).[50]

Puede ser que el desafío requiera grandes esfuerzos, pero para esto has llegado hasta este punto. Es ahora el tiempo de impactar tu comunidad, de alcanzar las sociedades seculares, de cruzar barreras culturales.

Tanto Pablo al cruzar las barreras culturales (1 Corintios 9:20) como los cristianos de Jerusalén impulsados a abandonar su zona de comodidad por la persecución para ir a otros lugares predicando el evangelio (Hechos 8:4), son ejemplos claros del papel expansivo de alcance externo que debe cumplir la iglesia, si espera *crecer y multiplicarse*.

¡El secreto lo tiene Cristo!

En este sentido, las iglesias necesitan comprender y aplicar el más grande secreto de Cristo para alcanzar las multitudes y romper barreras sociales, culturales o ideológicas. La aplicación de este principio en el liderazgo, expandirá nuestro ministerio exponencialmente a otro nivel.

Necesitamos referirnos al impacto del ministerio de Cristo. ¡Cómo le seguían multitudes! Debemos enfatizar que esa experiencia era el resultado de

---

[50] El impacto de crecimiento de la iglesia es tan sonado, que los ciudadanos de Tesalónica afirman: "Estos hombres, que han trastornado el mundo entero, también han venido acá" (Hechos 17:6).

su mensaje. El mensaje de Cristo era muy atractivo. Las personas que lo escuchaban dieron testimonio que hablaba como alguien que tenía autoridad. Y tenían razón, el mensaje de Cristo fue importante para alcanzar a las multitudes.

No obstante, la Escritura y el espíritu de profecía presentan el más importante secreto para su éxito. Su aplicación transformará tu iglesia. Experimentarás el mayor impacto que alguna vez ha vivido tu congregación. Es la oportunidad de la congregación para ocupar un papel relevante en el mundo.

¿Por qué las multitudes seguían a Cristo? Los evangelios responden esta pregunta describiendo en qué consistió el ministerio del Maestro. En este material estaremos analizando a continuación, solo un aspecto de los tres que constituyen el modelo de ministerio del Señor. En los siguientes versículos usted podrá ver dos cosas: lo que hacía y hablaba Cristo con relación al énfasis de su tarea. Te invito a reflexionar y orar en cada uno de los textos que vas a leer. Toma tu tiempo.

Énfasis en la sanidad del cuerpo y del espíritu

- Jesús recorría toda Galilea enseñando en las sinagogas de ellos, predicando el evangelio del reino, y *sanando toda enfermedad y toda dolencia* en el pueblo. Su fama corrió por toda Siria, y le trajeron todos los que tenían males: los que *padecían diversas enfermedades y dolores, los endemoniados, los lunáticos y los paralíticos.* Y él los sanó (Mateo 4:22-24, énfasis añadido).

- Recorría Jesús todas las ciudades y aldeas, enseñando en las sinagogas de ellos, y predicando el evangelio del reino, y *sanando* (Mateo 9:35, énfasis añadido).

- Sabiendo esto Jesús, se apartó de allí; y le siguió mucha gente, *y sanaba* a todos (Mateo 12:15, énfasis añadido).

- Pero su fama se extendía más y más; y se reunía mucha gente para oírle, *y para que les sanase de sus enfermedades* (Lucas 5:15, énfasis añadido).

Énfasis en la atención a las necesidades de las personas

- Porque algunos pensaban, puesto que Judas tenía la bolsa, que Jesús le decía: Compra lo que necesitamos para la fiesta; o *que diese algo a los pobres* (Juan 13:29, énfasis añadido.)

- Mas cuando hagas banquete, *llama a los pobres, los mancos, los cojos y los ciegos;* y serás bienaventurado; porque ellos no te pueden recompensar, pero te será recompensado en la resurrección de los justos (Lucas 14:13-14, énfasis añadido).

- Porque tuve hambre, y *me disteis de comer;* tuve sed, y *me disteis de beber;* fui forastero, y *me recogisteis;* estuve desnudo, y *me cubristeis;* enfermo, y me *visitasteis;* en la cárcel, y *vinisteis a mí* (Mateo 25:35-36, énfasis añadido).

Énfasis en la restauración de las relaciones y la unidad

- En esto conocerán todos que sois mis discípulos, *si tuviereis amor los unos con los otros* (Juan 13:35, énfasis añadido).

- Le dijeron: ¿Por qué, pues, mandó Moisés darle carta de divorcio y repudiarla? Él les dijo: Por *la dureza de vuestro corazón,* Moisés os permitió repudiar a vuestras mujeres; *pero al principio no fue así.* Y yo os digo que cualquiera que repudia a su mujer, salvo por causa de fornicación, y se casa con otra, adultera; y el que se casa con la repudiada, adultera (Mateo 19:7-9, énfasis añadido).

- Jesús le dijo: Ve, *llama a tu marido,* y ven acá (Juan 4:16, énfasis añadido).

- Por tanto, si traes tu ofrenda al altar, y allí te acuerdas de que tu hermano tiene algo contra ti, deja allí tu ofrenda delante del altar, y anda, *reconcíliate primero con tu hermano,* y entonces ven y presenta tu ofrenda (Mateo 5:23-24, énfasis añadido).

- Ustedes han oído que fue dicho a los antiguos: No cometerás homicidio; y cualquiera que comete homicidio será culpable en el juicio. Pero yo les digo que todo *el que se enoje con su hermano* será culpable en el juicio. Cualquiera *que le llame a su hermano "necio"* será culpable ante el Sanedrín; y cualquiera *que le llame "fatuo"* será expuesto al infierno de fuego (Mateo 5:21-22).

- Ustedes han oído que fue dicho a los antiguos: Ojo por ojo y diente por diente. Pero yo les digo: *No resistan al malo*. Más bien, a cualquiera que te golpea en la mejilla derecha, vuélvele también la otra. Y al que quiera llevarte a juicio y quitarte la túnica, déjale también el manto. A cualquiera que te obligue a llevar carga por un kilómetro, ve con él dos. Al que te pida, dale; y al que quiera tomar de ti prestado, no se lo niegues (Mateo 5:38-42, énfasis añadido).

- Ustedes han oído que fue dicho: *Amarás a tu prójimo* y aborrecerás a tu enemigo. Pero yo les digo: *Amen a sus enemigos y oren por los que les persiguen*; de modo que sean hijos de su Padre que está en los cielos, porque él hace salir su sol sobre malos y buenos, y hace llover sobre justos e injustos. Porque *si aman a los que les aman, ¿qué recompensa tendrán?* ¿No hacen lo mismo también los publicanos? Y si saludan solamente a sus hermanos, ¿qué hacen de más? ¿No hacen eso mismo los gentiles? Sean, pues, ustedes perfectos, como su Padre que está en los cielos es perfecto (Mateo 5:43-48, énfasis añadido).

Te confieso que el mensaje de estos textos impacta mi corazón y me desafían en mi pensamiento y acción. No puedo imaginar a la iglesia, sin imaginarme a mí mismo. ¡Después de todo, lo que yo sea, también lo será la congregación!

Pero luego de entenderlo en mi vida, ¡observo cuán poderoso era el mensaje de Jesús! En sus predicaciones y entrevistas se ocupaba con mucha dedicación e inteligencia en hacer énfasis en tres áreas: La salud, la familia y las necesidades o dinero.

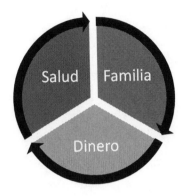

Puedo entender entonces el porqué del impacto que Él y la iglesia cristiana primitiva realizaron en el primer siglo. Poseían un mensaje poderoso. Era una iglesia que mostraba el amor de Dios. ¿Acaso puede existir algo más objetivo o llamativo que lo que describe el libro de Hechos? *"No había, pues, ningún necesitado entre ellos*, porque todos los que eran propietarios de terrenos o casas los vendían, traían el precio de lo vendido y lo ponían a los pies de los apóstoles. Y era repartido a cada uno según tenía necesidad"* (Hechos 4:34-35, énfasis añadido). Se suplían las necesidades de las personas.

Los evangelios muestran con claridad el impacto de la atención de las necesidades en el ministerio de Cristo.

Textos de las multitudes que seguían a Cristo	
Mateo 4:25	"Y le siguió *mucha gente* de Galilea, de Decápolis, de Jerusalén, de Judea y del otro lado del Jordán".
Mateo 8:1	"Cuando descendió Jesús del monte, le seguía *mucha gente*".
Mateo 12:15	"Sabiendo esto Jesús, se apartó de allí; y le siguió *mucha gente*, y sanaba a todos".
Marcos 3:7	"Mas Jesús se retiró al mar con sus discípulos, y le siguió *gran multitud* de Galilea; y de Judea".

Marcos 5:24	"Fue, pues, con él; y le seguía una *gran multitud*, y le apretaban".
Lucas 6:17	"Y descendió con ellos, y se detuvo en un lugar llano, en compañía de sus discípulos, y de una *gran multitud* de gente de toda Judea, de Jerusalén y de la costa de Tiro y de Sidón, que habían venido *para oírle y para ser sanados de sus enfermedades*".
Juan 6:2	"Y le seguía *gran multitud*, porque *veían las señales* que hacía *en los enfermos*".
Mateo 9:36	"Y al ver *las multitudes*, tuvo compasión de ellas; porque estaban desamparadas y dispersas como ovejas que no tienen pastor".
Mateo 15:30	"Y se le acercó *mucha gente* que traía consigo a cojos, ciegos, mudos, mancos y otros muchos enfermos; y los pusieron a los pies de Jesús, y los sanó".
Lucas 5:15:	"Pero *su fama se extendía más y más*; y se reunía mucha gente para oírle y para que les sanase de sus enfermedades".
Juan 12:12-13	"El siguiente día, *grandes multitudes* que habían venido a la fiesta, al oír que Jesús venía a Jerusalén, tomaron ramas de palmera y salieron a recibirle, y clamaban: ¡Hosanna! Bendito el que viene en el nombre del Señor, el Rey de Israel".

Las expresiones mucha gente, gran multitud, las multitudes evidencian claramente que su ministerio trastornaba el barrio, pueblo, región, país y países que escuchaban hablar de Cristo y de su obra. Esta es la razón por la que, entendiendo esto, Elena de White señalo que su método debía ser aplicado *por las congregaciones y seguidores de Jesús, si esperaban ver un resultado de éxito similar* en nuestros ministerios. "*Solo el método de Cristo será el que dará éxito* para llegar a la gente. El Salvador *trataba con los hombres como quien deseaba hacerles bien*. Les mostraba simpatía, *atendía sus necesidades* y se ganaba su confianza. Entonces les decía: "Seguidme".[51]

Hemos de asimilar cabalmente que el método de Cristo se CENTRABA en atender las necesidades de las personas y no simplemente en compartirles el mensaje. Él era el evangelio encarnado y es el desafío de la iglesia para estos tiempos si espera ver a mucha gente, a multitudes, a grandes multitudes, como las que seguían al Señor.

Y para quienes tuvieran alguna duda de que esto tiene aplicación para nosotros, permítanme recordarles la invitación de Cristo a seguir su ejemplo y creer en Él, a fin de que nuestro ministerio emulara sus victorias. Juan registró que Jesús prometió: "De cierto, de cierto os digo: El que en mí cree, *las obras que yo hago, él las hará también; y aún mayores hará,* porque yo voy al Padre. Y todo lo que pidiereis al Padre en mi nombre, lo haré, para que el Padre sea glorificado en el Hijo" (Juan 14:12-17, énfasis añadido).

Entonces, ¿qué debe hacer la iglesia?

Ministerios de acción intencional

Es importante resaltar que cuando hablamos de ministerio no tiene que ver con una actividad, sino con un servicio permanente de la iglesia en un determinado tiempo. No tiene que ver con un programa ocasional para cumplir un requisito o apagar nuestra conciencia; no es lo que Dios espera. Se trata de acciones constantes que realizamos de manera intencional cada semana, quincenalmente o al menos mensualmente. Tampoco se trata de promovernos a nosotros mismos o a la iglesia, tomándonos una fotografía que muestre cuán buenos somos, sino de glorificar a Dios.

En este sentido un ministerio es:

---

[51] Elena G. de White, *Maranata: ¡El Señor Viene!* (Doral, FL: APIA, 2008), 102.

1. Traer el reino de Dios cerca de las personas que necesitan ver la respuesta de Dios a su necesidad (Mateo 10:7).
2. El ministerio es un compromiso con la persona y no con un evento (Mateo 25:35-36).
3. No es transaccional, sino transformacional (Lucas 10:9).
4. Lo hacemos para Cristo y por amor Cristo. No por amor a nosotros mismos (Juan 14:15).
5. El ministerio es encarnar a Cristo, sus manos y pies en esta tierra (Juan 14:12).
6. Es un estilo de vida. algo que se vive y se realiza todo el tiempo (Mateo 5:14-16).

Un estudio detallado de cada uno de estos puntos requeriría más tiempo y espacio que el que tenemos aquí. Sin embargo, con relación al primero de los puntos, y para el establecimiento de un ministerio tal, será importante resaltar que habría al menos cuatro aspectos que deberían considerar quienes enfrentan este desafío. *(Véase la figura en la siguiente página.)*

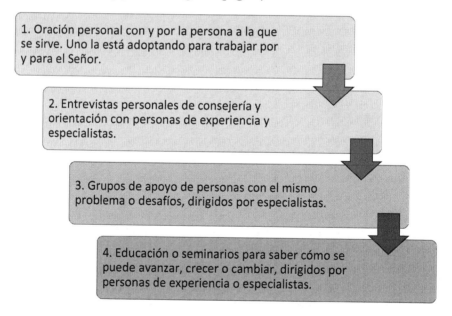

1. Oración personal con y por la persona a la que se sirve. Uno la está adoptando para trabajar por y para el Señor.

2. Entrevistas personales de consejería y orientación con personas de experiencia y especialistas.

3. Grupos de apoyo de personas con el mismo problema o desafíos, dirigidos por especialistas.

4. Educación o seminarios para saber cómo se puede avanzar, crecer o cambiar, dirigidos por personas de experiencia o especialistas.

Finalmente, es importante que en la concreción de los objetivos de estos ministerios en la iglesia local, se unan los esfuerzos de todos los departamentos en *tiempo y recursos,* siguiendo el ejemplo de Jesús. Lo que sugerimos es que la junta directiva de la congregación defina el momento durante la semana cuando funcionarán los departamentos y dedicar al menos el 50% de los recursos para su desarrollo.

Ministerio de la salud

Por ejemplo, imaginemos que estamos en una congregación pequeña y sin muchas personas especializadas para establecer el ministerio de la salud. ¿Qué hacemos? Es importante no pensar en hacer cosas cuando no se tienen a disposición los recursos, sino planificar lo que pueda ser el inicio de algo que sí podemos manejar.

En este caso, se podría planificar una invitación tanto a la iglesia como a la comunidad a caminar todos los domingos en la mañana o en la tarde. ¡Solo caminar! Sí.

Luego puede ir añadiendo varias cosas: tomar la tensión al principio y al final de la caminata; tener una charla; orar por los participantes; invitarlos para la semana siguiente.

Imaginemos que a los tres meses haya crecido el número de personas que participan. Se puede decidir hacer unos posters de invitación porque se hará una gran caminata, esta vez con premios para los participantes según categorías por las diferentes edades.

Además, la caminata se puede unir con programas de consulta médica o medir la glucosa de los participantes, o terminar con comidas vegetarianas, o con una invitación para los jóvenes que desean participar de los clubes, o con algún evento especial para las madres o los padres, por Navidad o fecha especial, con comidas especiales. ¿Se lo imaginan? Este ministerio de la salud se puede unir al mismo tiempo con otros ministerios (de niños, jóvenes, varones, mujer, familia, solos, oración intercesora u otros), para una actividad en común o con actividades paralelas o con diferentes horarios, estando en la misma sintonía.

A quienes se registren como parte de los que será este plan de transformación, se les dará más ideas de cómo implementar este y otros desafíos.

Ministerio de la familia

Un grupo de departamentos se unirá para trabajar por las familias en una congregación ofreciendo en un día a la semana solución a algún problema, que conecte las necesidades de las personas y los recursos de la congregación.

De modo práctico, pensemos en una congregación muy pequeña, sin especialista alguno. Otra vez se comienza con lo que se puede hacer. Tal vez se busque que a la pareja con más años de casados de la congregación, se le asigne la tarea de coordinar este ministerio. Quizá se pueda atender a las mujeres y a los hombres por separado, o desarrollar un plan de apoyo a los hogares monoparentales o simplemente apoyar a los padres en la educación de los hijos.

Quiero invitarte a pensar que estás caminando el domingo en la mañana con las diferentes personas que has invitado de la congregación y de la comunidad por el barrio. (Sí, es la actividad de otro ministerio al que se une el de familia.) Mientras caminamos, compartimos y hablamos. De repente surge el deseo en alguien de solicitar que se ore por su hijo o hija, que está enfrentando dificultades en su hogar. ¡Qué oportunidad para invitarlo a la próxima reunión del ministerio de la familia!

Amiga, ¿qué te parece si nos acompañas en una reunión en la que oramos y apoyamos a quienes tienen dificultades en la familia. ¿Te parece? Y si te sientes cómoda, incluso puedes invitar a tu hija para acompañarnos. Yo te estaré esperando para acompañarte. ¿Lo ves? ¡Podemos estar listos para suplir las necesidades de las personas!

Ministerio de finanzas

Este ministerio es clave y tiene que ver con dos aspectos importantes: 1. *suplir las necesidades* de los miembros y amigos en los grupos pequeños, y 2. *enseñarles* a los creyentes y a los de la comunidad cómo suplir por sí mismos sus necesidades haciendo un pacto con Dios, administrando los recursos con sabiduría y recibiendo el apoyo e instrucción para emprender proyectos que suplan sus necesidades.

Sugerimos que un cincuenta por ciento de los recursos de la congregación que quedan disponibles luego de cubrir los gastos fijos, sea dedicado al primer objetivo de suplir las necesidades de los miembros y amigos por medio de los grupos pequeños. Debemos recordar que el otro cincuenta por ciento será dedicado a todos los ministerios. *(Véase la figura abajo.)*

Gastos fijos

50% Ayuda necesidades

50% Inversión en los ministerios

¿Pueden imaginar lo que sucederá en tu congregación si se obedece el propósito de ser la luz del mundo y la sal de la tierra? Yo creo que sí. Y seguramente en tu corazón te emocionas porque piensas en todo lo que ocurrirá en tu ministerio y en la congregación. Recuerda lo que Jesús prometió: "Las obras que yo hago, él las hará también; y aún mayores hará, porque yo voy al Padre" (Juan 14:12). ¿Lo crees?

¡Pastor, salimos en el noticiero de varios canales nacionales! Nos están sacando la noticas por los periódicos nacionales y las radios nacionales y regionales; hablan de todo lo que estamos haciendo! Ese líder estaba visiblemente emocionado. Jamás se había imaginado que *su amada iglesia* pudiera tener tan grande impacto en un país de 30 millones de habitantes. Pero así era. En mi corazón yo daba las gracias a Dios por habernos hecho tomar la decisión de invertir gran parte de nuestros recursos en la implementación del programa conocido como Cerca de Ti.

Toda la iglesia estaba unida ayudando y supliendo las necesidades de familias, niños, jóvenes y brindando un mensaje de esperanza. ¡Eso fue increíble! ¡Nunca habíamos vivido algo como eso! Yo estaba muy feliz y la iglesia no quería hacer otra cosa. ¡El método de Cristo es el secreto del éxito!

Evaluación

Para el cierre de este capítulo te presento una evaluación de la aplicación de este principio en tu ministerio y congregación.

Evaluación de la iglesia y líderes en la implementación del plan del método de Cristo

1. ¿Tiene tu congregación ministerios o actividades?   Sí__ No__
2. ¿Está realizándose cada semana el ministerio de la salud en su congregación?   Sí__ No__
3. ¿Está realizándose cada semana el ministerio de la familia en su congregación?   Sí__ No__
4. ¿Está realizándose cada semana el ministerio de finanzas en su congregación?   Sí__ No__
5. ¿Se lleva un registro de las personas por las cuales se ora y se atiende en los ministerios; se reúne a los miembros que sirven, motivan y apoyan?   Sí__ No__

6. ¿Se ha ajustado el presupuesto de la congregación para la implementación del método de Cristo en la congregación?   Sí__ No__

Estoy seguro de que tienes muchas preguntas y deseas aprender y conocer más de estos cinco principios que transforman el liderazgo y las congregaciones, inspirándoles a poner en práctica la manera como las iglesias de hoy necesitan seguir los principios bíblicos para ser relevantes y terminar la misión que Cristo nos encomendó. Recuerda que oro para que te unas en este pedido y oración a Dios.

CONCLUSIÓN

¿Qué has aprendido? ¿Necesitas hacer algo? ¿Cuál será tu decisión y las acciones que la acompañarán? Lo que Dios nos muestra representa para los que creemos una luz muy grande que debe iluminar nuestro camino. Es la voluntad de Dios agradable y perfecta.

Es mi oración que cada solución a los problemas que enfrenta tu liderazgo y congregación hayan encontrado respuestas a lo largo de cada uno de los capítulos y que el camino que tomarás desde este día sea el resultado de la experiencia transformadora del Espíritu Santo, "por medio de la renovación de vuestro entendimiento" (Romanos 12:2).

No se puede continuar haciendo lo mismo con la esperanza de obtener resultados diferentes. Lo sabemos. Y ahora también sabemos los cinco principios que nos guiarán de la mano para ver un *cambio* en tu iglesia, el *crecimiento* de los miembros, las *victorias* ante las dificultades, la *multiplicación* de los miembros comprometidos y una *estrategia de impacto* en tu comunidad como nunca antes lo habías imaginado.

El camino se ha iniciado en tu espíritu, seguido por tu corazón. Has comprendido el escenario de la lucha y el enfoque que necesita tu liderazgo, para culminar con la estrategia. Quiero decirte que estoy emocionado y le doy gracias a Dios porque me permitió a escribirlo y a ti, leerlo. El resto se lo dejamos a nuestro Señor, que hace todo posible, y que nada recibiríamos si no nos fuera dado desde lo Alto. Amén. ¡Tengamos fe!

No más líderes frustrados e iglesias muertas

ANTES DE IRTE...

Me gustaría decirte gracias por comprar este libro, por leerlo hasta el final. Ahora me gustaría pedirte un favor: Se parte de la comunidad de desarrollo de liderazgo enviando un correo a: contacto@josneyrodriguez.com. Te estaremos enviando información de los próximos materiales y eventos.

No olvides dejar tu comentario acerca del libro:

¡Gracias otra vez!

No más líderes frustrados e iglesias muertas

ACERCA DEL AUTOR

El Dr. Josney Rodríguez, disfruta entrenar a líderes, señalando en el horizonte, el amanecer de la nueva gerencia y liderazgo posmoderno y bíblico. Por más de 33 años se ha dedicado a compartir seminarios a líderes en más de 42 países de américa, y dictar clases de instrucción académica en maestría y doctorado. Además, acompaña y apoya a todos los que están dispuestos y comprometidos en su formación profesional, eclesiástica y espiritual de su liderazgo y vida personal, usando todos los medios sociales posibles para alcanzar este importante propósito como seres humanos y siervos de Dios. Te invitamos a ser parte de aquellos que creen en un liderazgo espiritual sin límites.

Página Web:

YouTube: **JosneyRodriguez**

Instagram: **RodriguezJosney**

Twitter: **JosneyRodriguez**

Facebook: **JosneyDavidRodriguez**

ANEXO: **Plan de Discipulado**

No más líderes frustrados e iglesias muertas

PRIMER AÑO

Etapa	Nivel	Periodo	Conocimiento teórico en reuniones semanales en la iglesia	Objetivos prácticos en actividades semanales	Evaluación	Discipulado en acción en el grupo pequeño
	Responsables: Anciano, líder de grupo pequeño y directores de departamento					
Nuevo creyente	Primer nivel	Seis meses	•Siete creencias fundamentales de la iglesia •Conocimiento de las disciplinas espirituales •El testimonio •Método de Cristo •Trabajo de auxilio cristiano	• Desarrollo de un ministerio en el grupo pequeño y la iglesia • Testificación usando el método de Cristo	Evaluación mensual de la Junta de la iglesia Evaluación semanal en las áreas de crecimiento del discipulado, y mensual con su líder	Acompañar a un hermano en la testificación y el grupo pequeño
	Segundo nivel	Seis meses	•Aprender las profecías del libro de Daniel •Evangelismo personal	• Dar estudios bíblicos • Compartir el mensaje en la casa o grupo pequeño	Evaluación mensual de la Junta de la iglesia Evaluación personal semanal en las áreas de crecimiento del discipulado, y mensual con su líder	Compartir el mensaje a través de los Estudios Bíblicos en parejas misioneras

Tome este tiempo para repasar esta sección y comprender la manera como se puede aplicar en su congregación. Los dos grandes desafíos de este primer año son: Primero, que el nuevo discípulo sea capaz de compartir el evangelio con otras personas y se convierta en un pescador de hombres. En segundo lugar, que participe de un ministerio de servicio a los necesitados. Es importante que estos dos aspectos sean primeramente también practicados en la familia.

SEGUNDO AÑO

Etapa	Nivel	Periodo	Conocimiento teórico en reuniones semanales en la iglesia	Objetivos prácticos en actividades semanales	Evaluación	Discipulado en acción en el Grupo Pequeño
			Responsables: Anciano, líder de grupo pequeño y Directores de departamento			
Creyente joven	Tercer nivel	Seis meses	• Clase para aprender del libro de Apocalipsis • Evangelismo público	• Participar en una campaña y dar un mensaje en el grupo pequeño	Evaluación mensual de la Junta de la iglesia Evaluación semanal en las áreas de crecimiento del discipulado, y mensual con su líder	Predicar sermones o participar activamente en una campaña
	Cuarto nivel	Seis meses	• Aprender a responder preguntas • Aprender liderazgo de Grupos Pequeños	• Comenzar un grupo pequeño	Evaluación Evaluación mensual de la Junta de la iglesia Evaluación personal semanal en las áreas de crecimiento del discipulado, y mensual con su líder	Ser líder asociado de un nuevo grupo

En este segundo año el objetivo doble consiste en primer lugar: aprender a predicar; y en segundo lugar: conocer cómo ser un líder de grupos pequeños. Hagamos tiempo para evaluar nuestro propio crecimiento espiritual y tomar la decisión de comprometernos en el crecimiento de nuestro accionar en el Espíritu Santo.

TERCER AÑO

Etapa	Nivel	Periodo	Conocimiento teórico en reuniones semanales en la iglesia	Objetivos prácticos en actividades semanales	Evaluación	Discipulado en acción en el grupo pequeño
Responsables: Anciano, líder de grupo pequeño y Directores de departamento						
Creyente adulto	Quinto Nivel	Seis meses	• Clase de formación eclesiástica • Formación de líderes de ministerios	• Formación en ministerios	Evaluación mensual de la Junta de la iglesia Evaluación semanal en las áreas de crecimiento del discipulado, y mensual con su líder	Ser líder de un ministerio en los grupos pequeños
	Sexto nivel	Seis meses	• Repaso de todo lo aprendido • Dar clases de discipulado teórico y práctico • Hacer un plan personal de crecimiento para los próximos años que incluya el crecimiento en las 10 áreas de crecimiento espiritual	• Velar por las personas bajo su responsabilidad, enseñándolas y visitándolas, desarrollando un ministerio pastoral	Evaluación mensual de la Junta de la iglesia Evaluación personal semanal en las áreas de crecimiento del discipulado, y mensual con su líder	Ser líder de grupos pequeños

145

No más líderes frustrados e iglesias muertas

No más líderes frustrados e iglesias muertas

No más líderes frustrados e iglesias muertas

Made in the USA
Columbia, SC
16 November 2024

46130284R00083